最初の神アメノミナカヌシ

海人族・天武の北極星信仰とは

戸矢 学

Toya Manabu

河出書房新社

まえがきに代えて 「祭り」のない神

本居宣長は『古事記伝』冒頭部分で、まずは天之御中主神《アメノミナカヌシノカミ》について考証しているが、そうしなければ『古事記』そのものの解読が始まらないのだから当然のこととはいうものの、その筆致はけして円滑なものではない。基礎的な文字解読のみで通り過ぎている。

折口信夫は「天御中主神《アメノミナカヌシ》の意義だけはわからない」(「日本文学の発生」)と言っている。折口の日本神話論は二番手のムスビ二神から解き起こすものであって、一番手のアメノミナカヌシについての考証は放棄している。

このように本居と折口の二人の泰斗《たいと》をして、その考証を放棄させざるを得なかったアメノミナカヌシに、果たして考証の手掛かりはあるのか。私は、ある、とだけここでは述べておこう。その糸口こそは答えそのものであって、本書はそれを繙《ひもと》くことが目的である。

かつてアメノミナカヌシ（天之御中主神・天御中主尊）について書かれた書物（研究書）を探したものの、残念ながら存在しない、皆無であると認識したのは三十年ほど前のことになるが、それ以後現在に至るまでその状況はほぼ変わっていない。原因はその事績というものがまったくないからで、つまり神話のない神なのだ。

にもかかわらず、その神は『古事記』では神々の系譜の第一番目に登場しており、古事記神話に親しもうとするならば、誰もが始めに対面する神である。これほど不可解なことがあるだろうか。

これまで私は少なからぬ神々について本を書いてきたが、「初発の神・アメノミナカヌシ」について単独では書いていない。いくつかの著書において断片的に、あるいは関連事象として触れてはいるが、そこまでのものであって、その意味では前記ご両所とあまり変わりはなかったかもしれない。なにしろこの神には神話がないのだから。

しかし本書では既述の断片に新たな加筆補筆を交えながら、当然のことながら書く以上は新説として書き下ろしている。それが成ったのは、この神へ向ける視点を根本から変えたことに因《よ》っている。この神は、他のいかなる神とも異なる性格であり、さらに言えば次元の異なる神なのである。

繰り返すが古事記神話に第一番目に登場する神は、天之《アメノ》御中主神《ミナカヌシノカミ》であって、それ以前にいかなる神も存在しない。すなわち『古事記』において世界はこの神から始まるのであって、この神こそは天地初発の神であり、天地創造の神であって、天地開闢とはこの神のためにある形容と言っても良い。

天之御中主神とは、文字通り天の真中をうしはける（領する）神という意味の名で、天の中心にある不動の星を指す。

人類の多くはこれまで北半球で活動してきたことから、天において唯一不動のものは北極星のことであるというのが共通認識で（その後の天文学の進歩によって、数千年ごとに入れ替わることが判明している。現在はこぐま座のPolaris）、すなわち古事記神話は北極星のもとに展開する世界である。


この神の事跡については記・紀ともに何の記録もないばかりか、「延喜式神名帳」にも、この神を祀る神社の記載は一つもなく、信仰されたという形跡もない。

ところが、現存する神社でアメノミナカヌシを祭神として祀っている神社は一五〇〇社近くにも上る数である。

ということは、記紀編纂当時には一社も存在していなかった祭祀社が、この後なぜか急に陸続と創建されていったということになるのだが、いかなる理由があってそのような現象が起きたのか。

また一方、『新撰姓氏録』においては、この神を祖神とする古代氏族が神別《しんべつ》に二氏認められる（皇《こう》別《べつ》と諸蕃《しょばん》等にはなし）。

また『尊卑分脈《そんぴぶんみゃく》』には、中臣氏の遠祖とある。後に藤原氏として日本最大の権力氏族となる中臣氏が、天之御中主神を遠い祖先としているとはいかなることか。

中世の伊勢神道においては、豊受大神を天之御中主神と同一視し、これを始源神と位置付けている。

江戸時代末期の平田篤胤《あつたね》は、天之御中主神を究極神と位置付けて、この思想が明治維新の原動力ともなって、思想的中心になったとされており、これをしも復古神道というようだ。かつて不存在としか考えられなかったはずの神が、なぜかそこかしこに蘇って、さながら新たな日本を切り拓いているかのようではないか。

神社神道においては、神話や伝承に基づいて祭祀（まつり）がおこなわれる。ということは、アメノミナカヌシの祭祀（まつり）はないはずなのだが……。さて、どういうことになるのかは、本書を繙いてのお楽しみ。乞うご期待。

著者拝

最初の神アメノミナカヌシ——海人族・天武の北極星信仰とは ◉ 目次

装幀――山元伸子
カバー写真 ©ＰＩＸＴＡ

最初の神アメノミナカヌシ

海人族・天武の北極星信仰とは

第一章　北極星信仰の実相……海に生きる者に唯一の指針

北極星（北辰《ほくしん》）の顕現

　神話というものは、最初に出現する神によって、その性格が決定される。『古事記』では第一番に登場する神は、天之御中主神（アメノミナカヌシノカミ）である。その前にはいかなる神も存在しない、名実共に初発の神であって、つまりはこの神こそが古事記神話の性格を決定付けていることになる。そしてその名は、「天の真ん中にいる神」という意味であるから、誰もが唯一の不動の星、北極星を連想するだろうし、その後、太陽（アマテラス）と月（ツクヨミ）に至るところから、古事記神話は「天文神話」であるという解釈もできるだろう。

　ところがこれが『日本書紀』ではまったく異なる。書紀本文にはこの神は登場せずに、注の一書《あるふみ》（しかも第四）に天御中主尊（アメノミナカヌシノミコト）として異端の説であるかのように申し訳程度に紹介されているにすぎないのだ。本文ではあくまでも日本の国土は自然の造山活動として発生したかのように述べられていて、こちらはさしずめ「自然科学神話」であるかのようだ。

　つまりわが国の二大史書は、アメノミナカヌシの扱いがまったく異なり、その故もあってこの二書は思想的にもまったく異なるものとなっている。

記紀の相互の異質性についてはこれまでにあらゆる側面から広く考証されており、私も至る所で述べている。様々な差異があるなかでも、その基本中の基本であって、第一であり、かつ本質的であるのは、『古事記』はヤマト言葉で記述されており、『日本書紀』は漢文で記述されているという点であろう。早い話が、和語と漢語である。『古事記』は和語で記述されており、『日本書紀』は漢語で記述されている（厳密には両者とも一部において表記混合しているが、それぞれの主体は和と漢とに明確に区別できる）。

当然ながら、使用言語は記述された内容と直結するものであって、後に国学者が『古事記』を最も重視することとなるのは、ひとえに同書が和語すなわちヤマト言葉によって記述されていることに起因している。

後に、わが祖先は不思議な手法、奇跡的とも思われる「漢文の読み下し文」という特異な手法を発見し、漢文の和語化を実現するが、当時の漢文は明らかに外国語であって、日本語ではないのだ。

当時の日本人がどんな口語を使っていたか（話していたか）、録音記録が残っているわけではないので、極論すれば不明なのであるが、現実的には録音に匹敵するほどに再現性の高い記録がたっぷり遺されていたおかげで、日本の口語の古語、すなわち当時のヤマト言葉は復元できるのである。

それが、万葉仮名である（厳密には表現によって細かな変形があるため、専門の研究分野として成り立っているほどであるが）。

表記を区分すると次のようになる。

▼『古事記』は、ヤマト言葉の口語音を漢字を借字することによって記述するという変体漢文が基本となっており、さらにその中のあちこちに万葉仮名による様々な事物の名称や歌が混在している。

▼『日本書紀』は、部分的に万葉仮名の和歌などを含む変格漢文（和化漢文）である。

その『古事記』が、アメノミナカヌシ神を第一番、初発の神としていることに江戸時代の国学者たちは着目した。ここから、初めて日本神話についての本格的な考証がおこなわれるようになった。むろんその対象は『古事記』と『日本書紀』との神話比較である。

その結果、多様な比較検証によって、差異の様相はほぼ明らかになっていると言って良いが、それでも実はその大本のアメノミナカヌシ神の解析は放置されたままである。本書の序においても述べたように、学術誌に発表された論文は散見するが、固有の研究書は皆無に等しい。なにしろこの神には伝承される事績も神話もまったくないのだ。これでは信仰や祭りが発生するはずもない。

ところが、アメノミナカヌシを祭神とする神社は全国に約一五〇〇社ある。神社本庁に登録されている現存数だけでこの鎮座数であるということは、明治初頭のいわゆる神社合祀令によって廃絶した神社も相当数に上るだろう。

参考までに著名な神を主祭神としている神社の全国総数をいくつか挙げておこう。（＊本社のみ。境内社は除外。）

▼アマテラス……約一二〇〇〇社
▼スサノヲ……約九三〇〇社
▼ツクヨミ……約六〇〇社
▼オオクニヌシ……約八二〇〇社
▼イザナギ……約四五〇〇社
▼イザナミ……約六〇〇〇社
▼タケミナカタ……約五二〇〇社
▼ヤマトタケル……約一六〇〇社
▼ニギハヤヒ……約一八〇社
▼サルタヒコ……約二四〇〇社
▼アメノウズメ……約四〇〇社
▼コノハナノサクヤヒメ……約二〇〇〇社
▼ヤマサチヒコ……約六四〇社
▼ウミサチヒコ……約九〇社

これらとの比較においても、アメノミナカヌシ神社は決して少ない数ではない。なお、日本全国の市区町村数（二〇二〇年末現在）は一七四一であるから、各市区町村一ヶ所あたりに一件弱にも上るわけで、これだけであたかもアメノミナカヌシ信仰というものが日本全国に根付いているかように思われる。通常はこれだけの数の神社があるということは、かなり古くから信仰されていて、永い歴史があればこそ、そこまで広く勧請分祀がおこなわれたのだと考えるのが理屈というものだ。

しかし実は、この中に古社はほとんど含まれていない（創建年代不明のものも散見する）。ほぼすべてが中世以降のもので、妙見神社系はその名が示すように神仏習合以降のもの。また水天宮のように明治になってから祭神を変更したもの、合祀・配祀したものも少なくない。

さらに神話も事績もまったく存在しないところから、この神を祖神とする氏族もなく（『新撰姓氏録』には二氏録されているが、偽称の可能性がある）、氏族が存在しなければ、当然ながら氏神《うじがみ》神社や産土《うぶすな》神社にもなりようがない（祀る子孫が存在しないのだから）。

したがって古来特定の信仰対象とならなかったのだが、幕末に平田篤胤《あつたね》が独自の教学を作り上げたところから突然広まることになる。

なお、仏教の妙見信仰や、道教・陰陽道の鎮宅霊符《ちんたくれいふ》神《しん》信仰は平安時代中頃にはすでにあったと考えられるが、明治初年のいわゆる神仏判然令の公布にともなって廃棄されるのを防ぐために、祭神をアメノミナカヌシ神とする神社へと改変したところも相当数に上る（正確な統計はない）。

さて、突然わが国に、アメノミナカヌシとなって顕現した北極星信仰は、いったいどこから来たのだろうか。そもそも、アメノミナカヌシ（天之御中主神、天御中主尊）という神名そのものにはどのような意味や由縁由来があるのだろうか。

神名の原理

おおよそ神の名は由来に基づくのが基本原理になっている。由来とはその神の因《よ》って来たる事跡であったり、発生の地理であったり等々で、いずれにしてもその神の属性としてきわめて具体的なものである。これを「神話」という。したがって神名を解析すれば、その神の基本的な由来が判明することにもなるので、神名は神そのものの解析の最大の手掛かりとも言えるだろう。私がこれまで上梓した書籍においても、表題に神名を掲げているものは、例外なくその神名を解析することが論証の核心的手法となっている。

そしてアメノミナカヌシについて、神話も事績もないと、これまで述べて来たが、誰にでも一目瞭然、神名だけは厳然と存在している。これが最大の手掛かりであるのなら、この一点にすべてが集約されているということになる。つまり解き明かすための突破口は唯一「神名」に尽きるということである。

さてそれではアメノミナカヌシはいかなる表記が歴史上存在しているのか、古文献各書の表記を概観してみよう。

『古事記』…………天之御中主神　七一二年成立
『日本書紀』…………天御中主尊（一書四）　七二〇年成立
『伊勢国風土記逸文』…天御中主尊　七三三年以前に成立
『古語拾遺』…………天御中主神　八〇七年成立
『先代旧事本紀』………天御中主尊　八六八年以前に成立
『新撰姓氏録』…………天御中主命（大和国神別）　八一五年成立

なお、これらの古文献とはまったく別に、古い表記や古い呼称を今に伝える資料が存在する。それは、日本の全国各地に鎮座する神社の祭神名の記録である。祭神は、その神社が創建される時に基本的に定められるものであるから、現在に至るまでの間に何者かが恣意的に変更しない限り創建時のまま伝わっているはずである。五世紀初期までには漢字（呉音）は伝来していることから、その頃から祭神名を漢字で木簡に記録していたと考えられる。（＊それ以前は口伝。一部は石版・土版などもごく少数存在する。）

アメノミナカヌシを祭神として祀っている神社は、現在全国に約一五〇〇社存在すると記述したが、正確には、

▼本社の祭神となっている神社……一二二一社
▼摂社・末社・境内社の祭神となっている神社……二五五社

合計一四七六社を数える。（＊ただし神社本庁登録のみ。非登録の神社や、この間に登録解消した神社については少数ではあるが総数は不詳。）

これらの祭神は基本的な意味意義は同一であると考えられるが、各神社において表記に異同があるのは他の神社祭神と同様であって、生身の人間が伝承することによる一種の「揺れ」であろう。ただし、その〝異同〟の質がまったく異なるのだが、それについては後述する。

【表記一覧】
御中主尊
天ノ御中主神
天御中主神
天御中主尊
天御中主尊之神

天御中主大御神
天御中主大神
天御中主命
天御中大神
天水中主命
天乃御中主命
天乃御中主神
天之御中主尊
天之御中主大神
天之御中主之神
天之御中主命
天之中主命

祭神名はこれら十七種ですべてであり、前記古文献での表記もここにすべて含まれている。いずれが先かは判断不能であるが、これらの表記からはむしろそれを検証する必要のないことが判断される。ご覧のように意義を表す文字「天」「中」「主」は共通で、他は補助的文字に終始していることが明らかである。なお冒頭の表記のみは天を省略しているが、擬似的には存在すると解釈されるので同一表記に準ずるものである。「天」は共通、「御中主」も共通、「之」と「神」が別字に置き換えられているのみである。

そして「天の真ん中にいる神」または「天の真ん中をうしはく（領する）神」との意味意義はすべ

て同一であって、つまりこれらの十七種は本来的に同じものである。すなわち、この神には異字異表記は存在しないということであって、これは稀有な現象である。

そもそも神名表記の最大の特徴は、『古事記』と『日本書紀』とでまったく異なる点にある。いくつか例示してみよう。上段が『古事記』表記で、下段が『日本書紀』表記である。（＊これ以外にも多少の異同はあるが主要表記のみ記す。）

高御産巣日《むすび》神　　高御産霊《むすび》尊
伊邪那岐命《いざなぎのみこと》　　伊弉諾神《いざなぎのかみ》
須佐之男命《すさのおのみこと》　　素戔嗚尊《すさのおのみこと》
草那藝剣《くさなぎのつるぎ》　　草薙剣《くさなぎのつるぎ》
倭建命《やまとたけるのみこと》　　日本武尊《やまとたけるのみこと》

このように記・紀の間で、神名表記はまったく異なっている。各書の成立は七一二年、七二〇年であるから、わずか八年しか違わないにもかかわらず、神名というきわめて重要な点についての表記を全般的に変更している。したがって各神社における祭神表記を確認すれば、記・紀のいずれに依拠しているか判明するということにもなる。この違いは、『古事記』が国内向け（ヤマト言葉圏向け）の編纂で、『日本書紀』が海外向け（漢字圏向け）ということでもある。

ところがご覧のように、アメノミナカヌシは、記・紀同一の表記であって、差異がない。これはどういうことだろう。これは他の神々の名と本質的に異なるものであるから、まったく別の意図によって作成されたと考えられる神名であることになる。

本居宣長の神名解釈

本居宣長は、最大にしてほぼ唯一の手掛かりである神名について著作『古事記伝』（一七九八年脱稿）において一文字ずつ精密克明な文献学的考証をおこなっている。少し長いが、これより前にも後にもアメノミナカヌシについての宣長の論考は一切なく、これがすべてであるからここに全文引用しておこう。（＊なお原文は原本写真のように、漢字、ひら仮名、カタカナ等の入り混じるもので、歴史的仮名遣いや江戸時代初期の古文体等であるゆえ、古文馴れしていない読者のために、戸矢の責任において現代語に訳して掲載する。）

○天之《アメノ》御中主神《ミナカヌシノカミ》。御中《みなか》は真中《まなか》とも読むので意味もそれと等しい。真《ま》と御《み》はもとは共通する言葉であったが、やや後には分けて、御《み》は尊んで言う言い方、【「御」の字で書いているのもこの意である。ただしこの字は、漢国《からくに》では王のことに限って用いるのだが、わが国で「美《み》」というのは、天皇のことに限らず、一般の人にも何人《なんぴと》にでも用いている。】

「真《ま》」は美称であり、甚だしいさま、完全なさまに用いる。しかし遺《のこ》された古き言葉を見るともっと広く通用しており、真熊野《まくまぬ》、三熊野《みくまぬ》などとも言う例も多く、「真」と言うべきところを「御」と言うこともあって、御空《みそら》、御雪《みゆき》、御路《みち》など例は多い。御中《みなか》もこの類《たぐ》いである。天《あめ》ばかりではなく、国《くに》の御中《みなか》、里《さと》の御中《みなか》なども万葉集の歌にある。【俗言《さとびごと》で「まん中」と言うのも「真中」のことである。一般に「真」をなお甚だしく言おうとして、「まん」とはね、または「まっ」と詰める（「真っ青」など）のは俗言の常《つね》である。】

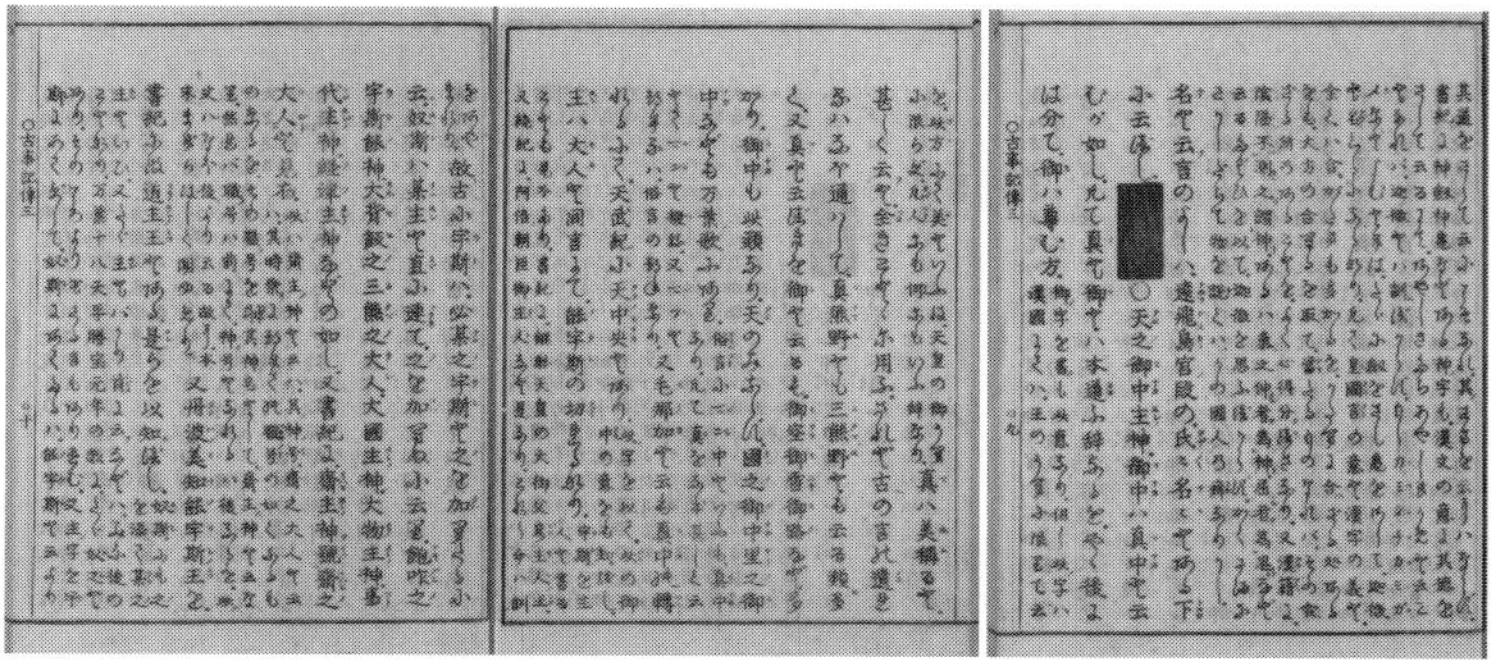

『古事記伝　四十四巻』（国立国会図書館デジタルコレクション）

また「毛那加《もなか》」というのも「真中」の転じた言葉であって、天武紀に「天中央《そらのもなか》」とある。【この言葉をもって、ここの「御中」の意味を理解すべきである。】

「主《ぬし》」は「大人《うし》」と同質の言葉であって、「能宇斯《のうし》」が縮まった言葉である。【宇斯を主人と書く例もある。書紀に、継体天皇の大御父、彦主人王《ひこうしのみこ》、また続日本紀に阿倍朝臣御主人《みうし》などがこれである。これらは今読みを誤っている。】

それゆえ古《いにしえ》に宇斯《うし》は、必ず某之宇斯《なにのうし》と之を加える際にもちいて、奴斯《ぬし》は必ず某主と連続させて、之を入れない。飽咋之宇斯《アキグヒノウシ》能《ノ》神《カミ》、大背飯之三熊之大人《おおせひのみくまのうし》、大国主神《オオクニヌシノカミ》、大物主神《オオモノヌシノカミ》、事代主神《コトシロヌシノカミ》、経津主神《フツヌシノカミ》などのようにである。また書紀に、「斎主神号斎之大人」（いはひぬしのかみをいはひのうしといふ）とあり、【これは斎主神というのがその神の名、斎之大人と言えば、その斎を執り行う職名のように思えるが、その職名をやがて神の名として、斎主の神と言ったのである。だから職名が先にあり、神の名は後であるのに、この文は逆順で書いているため、本末まぎらわしく聞こえる。】

また丹波美知能宇斯王《たにはのみちのうしのみこ》を、書紀では道主王《みちぬしのみこ》とある。これらの例で知るべきである。【奴斯にも之を添えて某之主《なにのぬし》と言ったり、また、ただ主とのみ始めから言うような例は、みな後代のことである。万葉集巻十八、天平勝宝元年の歌に、ただ奴之とのみある。その頃からそういう言い方はあったのだろう。また主の字を宇斯でなく奴斯に当てたのは、能宇斯と言うよりも、縮めて奴斯という言い方の方が、古くから多かったゆえだろう。されども本を質せば、主の字は宇斯《うし》と訓むのが正当である。】

ところで、宇斯波久《うしはく》と言うのも、「そこの主人として、領している」という意味だ。【「うしはく」のことは、伝十四に詳しく述べる。】

したがってこの神は、天真中《あめのまなか》に坐して、世の中の宇斯たる神という意味の名である。【この神を人臣の祖であるとか、国の常立の神の配偶神で、皇后であるなどというのは出まかせの妄説《みだりごと》である。大体近頃は、こうした邪説《よこさまごと》が大変多い。けして惑わされてはならない。】

（『古事記伝』三之巻より「天之御中主神」という神名についての考証全文／現代語訳・改行とも戸矢による／振り仮名は原本に準拠）

この一文は、正確に言えば「御中主」についての考証である。「天（あめ）」についての考証は『古事記伝』の冒頭の「天地初発」の考証においてすでにおこなわれており、

「天地は、阿米都知《あめつち》の漢字《からもじ》にして、天は阿米なり。」

とある。また「神（かみ）」についてもこれに続けて考証されており、あまりにも有名な「迦微《かみ》」論として結論されている（拙著『縄文の神』参照）。

宣長によるこれらの考証に従うと、「アメノミナカヌシ」を「天之御中主」と記すのは漢字《からもじ》によるものであって、ヤマト言葉で記すならば、

「阿米能御那加奴斯能迦微《あめのみなかぬしのかみ》」

となるべきという帰結になる。

ただ、万葉仮名では、「阿米」は「阿売」のほうがより古い表記とも考えられるので、「阿売能御那加奴斯能迦微」となるべきだろう。私個人としてはこちらを採りたい。ちなみにすでに他の自著でも紹介しているが、天照大御神も「天照」は漢語であるから、ヤマト言葉として万葉仮名で表記するならば「阿麻弖良須《あまてらす》」と表記されるべきだろう。（＊その考証については拙著『アマテラスの二つの墓』を参照されたい。）

なお「宇斯波久《うしはく》」については本書の最終章においてあらためて述べる。


宣長は『古事記』を解釈するに際して、そこに記された伝承は全て実際にあったことと考えると共に、「やまとごころ（大和心・和意）」を重視して、「からごころ（漢意・唐心）」を排するという姿勢を貫いた。この考証にもその姿勢ははっきりと貫かれている。

そしてなによりも重要なのは、この神名が、発音優先の万葉仮名ではなく、意味優先の漢語で表記されていることであろう（＊訓読はヤマト言葉）。この一点にこそ、アメノミナカヌシが存在する理由がある。

▼天（之）御中主神・天御中主尊……漢語（＊漢音であればテンゴチュスジン、～ソンとの発音になる。『古事記』表記には万葉仮名の「之」が入るという混淆表記。）
▼阿米能御那加奴斯能迦微……万葉仮名

ヤマト言葉の由来

ところでヤマト言葉の言語学的な位置について少し触れておこう。日本語＝ヤマト言葉の起源は、実はいまだによくわかっていない。これまで多くの研究者が様々な説を唱えてきたが、いずれも定説となるに至っていないのが現状だ。しかし近隣言語に対する位置関係ははっきりしている。

漢語（いわゆる中国china語の核心言語）からは漢字と漢熟語を数多く輸入移入したが、文法や発音はまったく異なるため、漢語は完全に別の言語である。

韓国語（いわゆる朝鮮語）は新羅語の流れであるが、これもまったく似ていない。漢語のように単語や文字を輸入した形跡もほとんどないし（相互に輸入語彙はあるにはあるが少数にとどまる）、そもそも基本的な訓読・発音がまったく異なる。

高句麗語との共通点を主張する説もあるが、高句麗語自体がほとんど残っていないため、比較研究自体がほぼ不可能である。

朝鮮語については、日本の中でも奈良から平安時代初頭頃には上流階級同士ではゆっくり話せばそのまま言葉が通じたというまことしやかな説が一部にあるが、そのような記録はなく、もちろん捏造である。そもそもヤマト言葉と古代朝鮮語はまったく異なるものだ。

ただし百済国が存在した時代に、百済出身の官人がヤマト朝廷において少なからず採用されていたことで、百済人同士の会話は当然百済語でおこなうことがあっただろうし、公用語はヤマト言葉であっても、それとは別のコミュニケーションもあって当然であろう。

百済国は三百年ほどで消滅して、朝鮮半島には現在ほとんど痕跡は残っていない。つまり百済と朝鮮とはまったく別の民族で、百済そのものが他の土地（江南か？）から朝鮮半島へ渡来して建国したが、やがて滅ぼされて、友好関係にあったヤマトへ移住したものであるだろう。

ちなみに、新羅系の言語（現・韓国語）は言語学的には「閉音節」であって、発音の末尾が子音で終わる。これに対して百済語や（おそらくは高句麗語も）、ヤマト言葉は「開音節」であって、すなわち末尾が母音で終わるという特性がある。これは決定的な相違であって、言語構造の相違は、民族血統の相違に直結するものである。

『新撰姓氏録』によれば、平安時代初期の畿内全域に居住する主要氏族と畿外有力氏族の統計では、全氏族一一八二氏のうち、諸蕃《しょばん》（渡来氏族）は漢が最も多く一六三氏で、次いで百済が一〇四氏、以下高麗四一氏、新羅九氏、加羅九氏であった。この比率で各自判断されたい。

公文書を始めとする文書は漢文を採用したが、訓読（口語の発音）は独自の読み下し方式を開発し、日常用語ともども口語はすべてヤマト言葉であって、他国語を用いることはなく、当然ながら諸蕃の人々が用いていた言語が日本に定着することはなく、むしろ彼らもヤマト言葉を習得することで名実ともに帰化することとなった。

日本語の由来を論じることは、すなわち日本および日本人の成り立ちを論じることである。むろん言語だけで民族を論じることはできないが、そこに最も大きな手がかりがあることは言うまでもない。言語と民族とは不可分の関係にあるのだから。

なお、ヤマト言葉とは、奈良時代以前からある日本固有の言語であって、道教や仏教が渡来する以前の言語と理解して誤りはないだろう。そしてそれ以前には、ヤマト言葉に影響を与えるほど大規模な諸蕃の渡来は考えにくいところから、日本語の血脈は縄文時代から（さらにそれ以前から）連綿と続いていると考えられる。そしてヤマト言葉は、言語学的にも地理的にも孤立した言語である。地球上のあらゆる言語が、いずれかの言語系統に連なっており、さらに大本で関係していると考えられる中で（ウラル・アルタイ語系という説もあったが、近年疑問視されている）、なぜかヤマト言葉のみはいずれの系統にも連結することなく、ひとり孤独である。これはいったい何を意味しているのだろう。（＊ちなみに、まだ確証は提示できないが、ヤマト言葉は、旧人類ホモ・ネアンデルターレンシス Homoneanderthalensis、もしくは古代人類ハプログループM7 Haplogroup M7 の言語から来ているのではないかと私は考えている。）

アメノミナカヌシを祭神とする神社

本居宣長の考証でも明らかなように、アメノミナカヌシという神名は、いよいよもって読んで字の如く「天の真ん中の主である神」との意を単純明快にするばかりのものである。それより他の意味はない。つまりアメノミナカヌシ神は他の神々とは神名の成り立ち、構造がまったく異なるということである。この神名はきわめて即物的で、存在の客観的説明に過ぎない。これは「三つの角を持ち、なおかつそれのみで成り立っている一個の完全図形」を三角形と名付けるに等しい。なんとも即物的な名称である。

そしてそれがどういうことを意味するかというと、次元の違う命名行為がなされているということである。他の神々の命名が文学や歴史であるとするならば、この命名は数学であり物理である。まず初めに位置付けがあって、それを提示するための命名になっているということである。神の存在が先験的にあって、そこから自然発生的に呼び名が生まれるのが人が神を呼称する成り行きであるならば、アメノミナカヌシはその成り行きから完全に逸脱している。そしてそのことを認識した人々によって、その祭神神社は生まれたのであろう。つまり、神社の成り立ちも、他の神社とは基本的に異なっているのだ。にもかかわらず別掲一覧表のように全国に分布している。(＊神社合祀令以前の状況は不明であるが、三重・和歌山は特に酷い状況であったことは判明している。)

神社を創建するのは大変な労力を伴うもので、一朝一夕で成るようなものではない。大勢の人々による総意と協力があって、しかも長年月を要するものである。この作業はよほど篤い信仰心がなけれ

北海道	40社	青森県	3社	岩手県	10社
宮城県	25社	秋田県	18社	山形県	11社
福島県	48社	茨城県	34社	栃木県	16社
群馬県	15社	埼玉県	28社	千葉県	133社
東京都	15社	神奈川県	13社	新潟県	19社
富山県	2社	石川県	2社	福井県	12社
山梨県	4社	長野県	41社	岐阜県	16社
静岡県	32社	愛知県	20社	三重県	10社
滋賀県	27社	京都府	21社	大阪府	19社
兵庫県	33社	奈良県	8社	和歌山県	6社
鳥取県	10社	島根県	43社	岡山県	80社
広島県	74社	山口県	45社	徳島県	38社
香川県	37社	愛媛県	61社	高知県	116社
福岡県	61社	佐賀県	14社	長崎県	16社
熊本県	67社	大分県	90社	宮崎県	22社
鹿児島県	21社	沖縄県	0社		

アメノミナカヌシを祭神としている神社／全国分布一覧
(全1476社／神社本庁登録)

ば成就しないことは容易に想像ができるだろう。それでもなおこれだけの質量のアメノミナカヌシ信仰が誕生しているということには、当然ながら重い意味があるはずである。

「全国分布一覧」を見て即座に判然することがいくつかある。

一、北海道から鹿児島県まですべての都道府県に鎮座していること（沖縄県のみ例外）。
二、千葉県、高知県が突出していること（岡山県、大分県がそれに準ずる）。
三、青森県、富山県、石川県は特に少ないこと（沖縄県のみは皆無）。

簡単に説明しておくと、地縁血縁ある神社は特定の地方地域に偏って鎮座しているものであって、たとえば氷川神社は埼玉県のさいたま市（旧・大宮市）に総本社が鎮座し、全国に二七五社（本社のみ）鎮座するが、そのうち大多数の二四四社は旧・武蔵国である埼玉県と東京都に鎮座している。これは氷川神社の発祥が武蔵国に深く関わっていることを明確に示している。氷川神社は武蔵国一宮であるから当然といえば当然で、他の一宮においてもほぼ同様の傾向を示しており、大半の神社は地元の市区町村と深い関わりがある。たとえばアマテラス神やスサノヲ神を祭神とする神社は、ほぼ全国に行き亘っていて、それはヤマト朝廷が全国を統治していたことを証すものである。したがって本来、神社が全国的に鎮座することはむしろ異例であって、国家的あるいは政治的意向が反映していると考えられる。つまり、アメノミナカヌシ神も、基本的にはこれと同様であろう。

ただ、そのなかにおいても、独自の信仰圏を形成しているものもある。たとえば千葉県は、妙見信仰（北極星信仰）に篤かった千葉氏の領地であった故であろうことは容易に想像が付く。（＊詳細は第三章）

また高知県は、なぜか「星神社」が特別に多い。星神社はアメノミナカヌシを主祭神とする神社の中でも特に多数を占めるものであるが、星神社という名称自体が日本では異質なもので、それがなにゆえ高知県に集中しているのか。地理的にヤマトから隔絶されていることと、黒潮に直面していることから、古来、海人族の定住機会が多かったであろうことが想像される。

逆に青森県、富山県、石川県のみが異様に少ないのは、この土地の人々が他とは異なる血脈にあることを証していることになるだろう。西からの対馬海流に乗って移り住んだ人々が古来少なからず定住したことは周知である。

また、沖縄県すなわち琉球は、これら三県ともまったく異なる血脈であろうことは想像に難《かた》くない。地理的に見て海人族の定住は他県に勝るものがあったはずであるが、その後、北極星をアメノミナカヌシ神に書き変える機会がなかったとも推測される。つまりヤマトの統治下に入るタイミングが右に示した他地域より遅れたため、書き変える機会のないまま明治期に至ってしまったのかもしれない。

北極星と道教

シナ道教においては、北極星を始原神ととらえ、鎮宅霊符神《ちんたくれいふしん》、元始天尊《げんしてんそん》、天皇大帝《てんおうだいてい》、太一《たいいつ》、太極《たいきょく》、また仏教では妙見菩薩《みょうけんぼさつ》、北辰《ほくしん》等々と呼ぶ。呼称が多種多様であるのは、その神の能力霊力、また由来や位置付けが信仰者や時代によって多様であるためで、いずれも指しているものは同一のものである。

【分類】
▼道教・陰陽道……鎮宅霊符神《ちんたくれいふしん》・元始天尊《げんしてんそん》・天皇大帝《てんおうだいてい》・太一《たいいつ》、太極《たいきょく》、他
▼仏教………妙見菩薩《みょうけんぼさつ》・北辰《ほくしん》
▼神道………天之御中主神《アメノミナカヌシノカミ》・天御中主尊《アメノミナカヌシノミコト》

これらの中でもわが国にとってとくに重要なのは、「天皇大帝《てんおうだいてい》」であろう。ヤマトに伝来して即時的に原音に近いままに受け入れられて定着した。これは天武天皇によって「天皇《てんのう》」号が誕生したことと軌を一にしている。

天皇大帝に由来する天皇は、古くは「てんこう（てんくわう）」「てんおう（てんわう）」と発音されていた。「てんのう」は比較的新しい発音だ。それ以前には天皇という漢字表記に、ヤマト言葉の「オオキミ」「スメラミコト」などがルビを振られている例も数多い。漢音の「てんのう」が定着するのは、天武天皇が政治的称号として公認してからであろう。

易経《えききょう》や陰陽五行説《いんようごぎょうせつ》が浸透すると共にその究極の概念を表す太極も浸透し、その構造を象徴的に表す太極図なるものも生まれた。簡単に言えば陰と陽の関係構造図のことで、易経では陰陽の大本を表す図形として用いられ、道教では象徴図《シンボル》にもなっている。モンゴルやチベットなどは国旗の一部に描いており、中華民国（台湾）やシンガポールは軍関係の旗の中心図案として用いている。（＊太極と易経についての詳細は拙著『陰陽道とは何か』を参照されたし。）

この神は、時と共に変容して来た。初め道教の最高神である鎮宅霊符神として信仰されていたものが、仏教の妙見信仰と習合し、さらに神道のアメノミナカヌシ神と習合する。その根拠は、いずれの神も本体は「北極星／北辰（北天の星辰）」とされているからである。

なお北辰と北斗が混同される例も見られるが、本来は異なるものである。

北辰……元始天尊・天皇大帝・天帝・太一・太極・紫微大帝……**北極星**の神格化
北斗……北斗真君・七曜星……………………**北斗七星**の神格化

『史記《しき》』（紀元前八九年完成）の『天官書《てんかんしょ》』には、こう記されている。

「北斗は天帝の乗車である。
天帝は北斗に乗って天上を巡り、
四方を制し、陰陽を分け、四季を立て、五行を均しくし、季節を移し、諸紀を定める。」

これが北辰と北斗の〝関係〟である。『史記』が成立したのは紀元前九一年頃であるから、すでにそれ以前にこの思想はかなり浸透していたということになる。北辰と北斗が後に混同されるようになるのも、信仰としては一体化できる性質にあるからだと解釈できる。北辰は最上位に位する唯一無二の天帝であるが、活動するためには北斗が必要不可欠である。そういう意味で一体と解釈したもので

太極図（＊天地逆に描かれているものもしばしば見かけるが、真上が夜中の十二時で、真下が昼の十二時であるとすれば、白黒の位置関係は必然としてこうなる。）

あろう。

しかし星座に馴染みのある私たち現代人の感覚では、北極星Polarisを中心にして回転する柄杓型の星ならびは左頁図のように二つあって、大きいほうがおおぐま座の北斗七星で、小さいほうがこぐま座で、こぐま座の柄杓の柄の先端がPolarisである。つまりおおぐま座の柄杓は少し離れている。したがって、『天官書』による「北斗は天帝の乗車」とは、こぐま座のことであって、「七星」はおおぐま座の柄杓であって、本来は両者を合わせて「北斗七星」と称したのではないかと考えられる。しかしこれも、すでに混同されて久しいので、これ以上の追求はあまり意味がないだろう。

なお余談であるが、星座というものに特に語るべき意味は見出だせないが、一部の人には星の位置を示すための有効な共通認識になっているようであり、子供向けに認識促進を図るという意義はあるとしても、同時に、天体を擬人化、擬獣化することによる妄想や空想による弊害もあることを承知しておくべきだろう。

ちなみに下図の「北斗星雑占図」で陰陽師が北斗七星に対して拝礼しているが、北極星信仰であるのだから、Polarisが明示されていないと論理的には不完全であろう。しかしこの時点で、こちらも同様に北極星と北斗七星が混同されていたということであるのだろう。肉眼で天文観測をするしかなかった時代には、こぐま座の柄杓とおおぐま座の柄杓を見間違えることはよくあることだろうし、当時はそれが限界であったのかもしれない。実際のところ、北極星Polarisは、光輝が弱く、北斗七星一つ一つと比べても輝きが弱いため、不動であることを確実に認識できない場合は一種の位負けして（格下に）見えたのかもしれない。わが国で北極星と北斗七星の位置的関係が正確に認識されるようになったのは、江戸時代後半になってからで、さらにそれが一般化するのは明治に入ってからである。

伊勢に定着した「太一」

北極星の神格化した呼び名の一つに「太一《たいいつ》」がある。『史記』の『天官書』でも、北極星の神格化されたものは北辰であり、太一であると明記されている。太極と同一であるにもかかわらず、あえて別の呼び名を用いているのは、陰陽の一体という点に対してよほど強い拘泥があったのかもしれない。伊勢地方においては「太一」が多用されている。

伊勢の神宮では、別宮の伊雑宮《いざわのみや》をはじめとする周囲の行催事において「太一」の表示は数多く見ることができる。伊勢路に見られる石造の道標や常夜燈にも「太一」の文字が刻印されている。伊雑宮

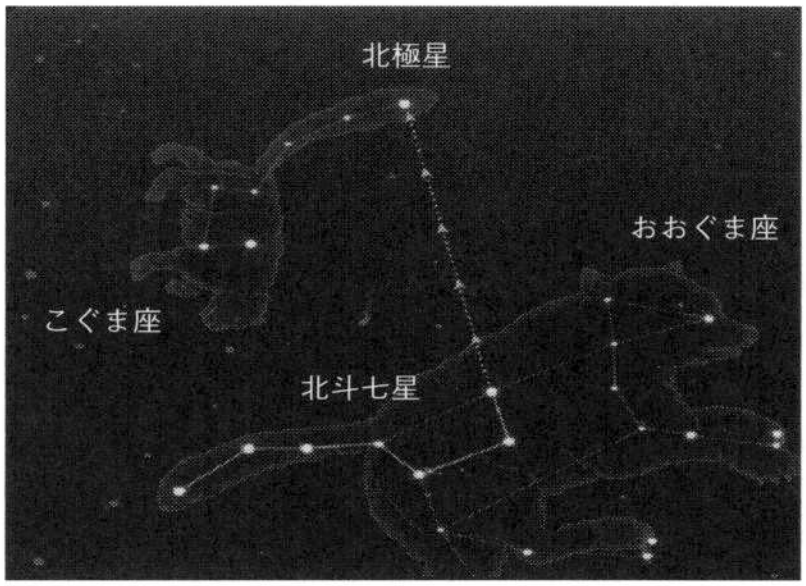

北極星とおおぐま座・こぐま座

北斗星雑占図——北斗七星を拝礼する陰陽師
(『天保新選永代大雑書萬暦大成』)

伊雑宮神田の翳《さしは》

太一常夜燈（撮影・平松温子）

の御田植祭では十数メートルもの巨大な翳《さしは》（大型のうちわ）が掲げられ、そこには「太一」という文字が大書されている。

その他、神撰のアワビを採る海女の頭巾にも額に「太一」と書かれ、遷宮の用材を斬りだして運ぶ際にも、その用材の先頭に「太一」の文字が書かれる。

これらは一種の「お守り」であって、「呪言《じゆげん》（まじないの言葉）」として掲げられているものだろう。「大一」と書かれているものもあるが、これも元は「太一」であろう。私はそれらの行催事に参加している人々に尋ねてみたことがあるが、「太一」のもともとの意味は知らないようで、「まじない文字」「めでたい文字」「お守り」といった答えばかりであった。これを「神の名」と思っている人はいなくて、アマテラスの別名と思っている人もいない。そもそも最も尊い神の御名をみだりに標榜するというのは信仰の心情にそぐわないだろう。畏敬する心があるならば、むしろ秘してしかるべきであって、いたるところに大書しているのは別の意味があると考えるのが自然であろう。

先述したように、太一は「陰陽全体」を指す。内宮は「陽」であり、外宮は「陰」。したがって太一は、太陽も太陰も平等にことほぐものであるから、外宮の「陰」をもことほぐ。古道教の究極の神・太一が、日の本の最高神・皇大神宮の祭りをことほぐという意義もあるのだろう。実りの恵みである「太陽（日輪）」と、海の干満を司る「太陰（月輪）」、すなわち陽と陰であるが、その両者を統括するのが「太一」である。神道と道教の習合である。これよりはるか後世になって、神道と仏教の習合がおこなわれるが、古代において最初におこなわれたのは、道教との習合であった。伊勢の遷宮を制定した天武天皇は、この概念を利用して古事記神話の創造構造を設定したのではないだろうか。

ちなみに、紀伊国一宮《きいのくにいちのみや》である伊太祁曽《いたきそ》神社の神紋は、〇の中に「太」の文字が書かれたものだが、これも太一に由来するものだろう。伊太祁曽神社は伊勢の神宮よりもはるかに古い由緒なので、太一が受け入れられたのも相応に古い時代であることになる。

▼伊太祁曽《いたきそ》神社（通称　山東《さんどう》の宮）　和歌山県和歌山市伊太祈曽
【祭神】五十猛命《イソタケルノミコト》

なお吉野裕子は、天皇は「陰陽の統合体である」と指摘している（『陰陽五行と日本の天皇』）。すなわち、五行のすべては北極星＝太一を中心に巡るものであり、太一こそは観念の天皇であるとしている。これはすでに述べた天皇の語源である天皇大帝に一致する。天皇大帝＝太一＝北極星という道教・陰陽道の思想を、天武帝は天皇号に規定した。

北極星は海洋民族の指針

先に紹介した「全国分布一覧」はアメノミナカヌシを祭神とする神社だけのものであるが、江戸時代は神仏の区別なく（神社・寺院の区別なく）鎮宅霊符神は祀られていた。私の手元にある鎮宅霊符神のお札も、神社発行のものもあれば寺院発行のものもあって、さしずめ神仏混乱である。一般民衆にそれほど人気があったということであって、現代においても神道や陰陽道の「お祓い」が人気になると、寺院でもあちこちで採り入れている例は珍しくないので、江戸時代後半にそのような現象があったということであるだろう。

しかし明治政府によって神仏分離令が発布され、習合形態は一切禁止されたため、神社は主にアメノミナカヌシ神に、また寺院は妙見菩薩に呼び名を変えている。本来的には北辰信仰と妙見信仰とはまったく別のものであるのだから切り離して当然なのだが、従前の習合形態を慣習的に引き摺っていてわかりにくくなっている。たとえば神社には北辰神社もあれば妙見神社もあり、他の呼び名もある。祭神に関係なく呼び名だけでアメノミナカヌシ神社を分類すると次のようになっている。（＊寺院は統計資料がないためここに含まず。鎮座数の降順。）

▼星宮・星神社……………三三〇社（＊通称・別称が多数あり。半数の一六五社は栃木県内に鎮座）
▼妙見神社……………二八八社（＊大部分が星宮・北辰神社等他社の通称・別称であるため、独立存在としての鎮座数は限られている）
▼天之御中主神社・天御中主神社……四七社（＊うち一一社は通称が妙見社）
▼北辰神社……………二二社（＊うち一〇社は通称が妙見社）
▼水天宮（アメノミナカヌシ神を祭神とする社）……一九社

▼鎮宅霊符神社・霊符神社…………七社（＊公称と通称が異なるため重複あり）

このようにまことに分かりにくいのが実態で、それでも北極星信仰であることだけは紛れもなく共通している。北極星が海洋民族（海人族、漁師など）の指針であることは紛れもない事実であるが、その信仰形態は一貫しているとは到底言い難いようだ。道教、仏教、神道等々、またそれらの融合や重複も数多いため、無理に分類するとかえって見えなくなるものもありそうだ。ただ、その手続きから思いがけず明らかになることもあって、それらはかなり重要な示唆をもたらす。以下に分類ごとに実相を探ってみよう。

星宮《ほしのみや》・星《ほし》神社の系統

古代日本には、各地に「星」に親しむ人々がいたことはいくつかの痕跡から推定されている。その最大の痕跡は「星《ほし》神社（星宮、星宮神社、星之宮神社、大星神社、北星神社など）」であろう。アメノミナカヌシ神（北極星）信仰としても星神社は最大多数であるが、まず先に星神社があって、後年のいつかにアメノミナカヌシ神が祀られた例（合祀か変更）も少なくないと思われる。先に祀られていた神はヤマト朝廷にとってまつろわぬ神であった可能性が高く、片やアメノミナカヌシ神（とくに天之御中主神）は『古事記』筆頭の神である。ヤマト朝廷への帰順はもとより、社格をより高めたいとの思いが作用したとしても不思議はないというものだ。

典型的な事例を概観してみよう。

★星神社（通称　**星之宮《ほしのみや》、北辰尊星《ほくしんそんせい》、北辰神社**）福島県南相馬市小高区行津字宮下

【祭神】天之御中主之神

通称に北辰尊星《ほくしんそんせい》とされているのは、当社の信仰実態を示すもので、北極星そのものを意味している。ただし、『古事記』には北極星そのものを指し示す語彙は見当たらないところから、祭神名に『古事記』の神名表記を採用しつつも、信仰実態は道教の北辰信仰や仏教の妙見信仰が本来のものであって、明治時代の神仏判然令に従ってこの祭神名としたもので、もとは別の祭神名であったと考えられる。

★星宮《ほしのみや》 神社　茨城県龍ケ崎市若柴町

【祭神】天御中主命

当社由緒にはこうある。

「御祭神・天御中主大神は天地創造のはじめに、高天原に最初に生れ給える造化三神（天御中主大神、高御産巣日神、神産巣日神）の元首で、高天原、即ち天の真中に坐し、神徳遍《あまね》く、宇宙主宰、無始無終、全知全能の造物主であらせられます。天の真中とは北斗星（北極星）と考えられ、星宮神社の名の所以であります。

古老の伝えるところによりますと、延長二年正月十三日肥後の国八代郡八代の神社から分霊勧請《かんじょう》して祀ったのであるということであります。明治二年四月、星大明神を星宮神社と改称」

この「由緒書」の特徴は天御中主命を「全知全能の造物主」としているところにある。創造神という考え方は西洋から輸入したものであって、これをアメノミナカヌシに当て嵌め広めたのは平田篤《あつ》胤《たね》（と平田学派の弟子たち）である。ということは、分霊勧請が延長二（九二四）年であるとしても、祭神を天御中主命と最終的に決定したのは篤胤以後のことであろうと推測される。なお「北斗星（北極星）」とあるのは、「北辰（北極星）」が正しい。

★星神社　千葉県成田市大生

【祭神】　天之御中主命

「星神社御由緒」に、「産土《うぶすな》の大神として、古くより奉斎され、地区民の中心として尊崇されている。」とあることからも明らかであるが、当社は「産土神」である。アメノミナカヌシ神には由来由縁の土地は存在しないのであるから、当社の前身である産土神は別の神であることになる。地域から想像するに、ここもまつろわぬ神であったのかもしれない。関東東北地域は、古くはアラハバキ神などのまつろわぬ神が広く信仰されており、ヤマトに組み込まれるのは「東征伝説」以降である。

★星宮神社（通称　**妙見宮**）　千葉県成田市成井

【祭神】　天御中主命

星宮神社由緒に、「当地区の中央に位置し、鎮守の社である。江戸時代には妙見宮と称した。」とあるところからも判然するが、ここももともと鎮守すなわち産土神として地域信仰されてきたものに、後から妙見信仰が習合され、さらに明治の神仏判然令によって天御中主命に置き換えられたものであろう。

★星神社（通称　**酒庭星社**）愛知県名古屋市西区上小田井
【祭神】大己貴命（配祀）天香香背男神《アメノカガセオノカミ》　牽牛《けんぎゅう》　織姫《おりひめ》

由緒に「延喜式神祇巻第九尾張国山田郡一九座、並小ノ内一七座目、坂庭神社とあるは是なり」とあるように式内社である。

「毎年七月七日（旧暦）社内に祭場を設け奥に土壇を築き酒を注ぎ天香々背男神に牽牛、織女の二星を合せ祀る故に通名酒庭星社と言い伝えています。」

つまり、七夕の星祭りを千年近くおこなっているという、本庁登録では唯一の稀有な神社である。それがなにゆえこの地で信仰されているのか不詳であるが、想像するに江南呉国あたりから渡来した海人族の一部が海浜部に定住し、故国の信仰を根付かせたものかもしれない。主祭神の大己貴命や天香香背男神は後付けであろうし、当然ながら当社はアメノミナカヌシ神とは無関係の星神社である。

★星尾《ほしお》神社（通称　**星の宮**）岡山県美星町大字星田
【祭神】天之御中主神（配祀）高御産靈神　神御産靈神

「往古から伝えられたところによると、この地は古代黒田と称え、戸数七十余住民は、深く北辰を信仰していた。承久年間順徳帝の御代流れ星落下、この地の豪族妹尾兼定は、水田中に光り輝いている明鏡を発見、これを採りこの地に小祠を建て奉祀し住民は明神様として厚く信仰した。」

このように由緒に見えるところから、元々は隕石が水田に落下したのが創祀であると思われる。その時の祭神は不詳であるが、現在の祭神は古事記神話の造化三神としてきれいに整っているところから、後世のものと思われる。

また、地名が「美星町大字星田」とあるのも、信仰ゆえの改称であろうと考えられる。

★星神社　高知県安芸市井ノ口甲
【祭神】天御中主命

この星神社には興味深い逸話が伝えられている。三菱財閥の創業者・岩崎弥太郎は、安政元（一八五四）年、江戸遊学を前に、家からほど近い妙見山（標高四四八メートル）に登り、山頂の星神社に参拝した。そしてその時、弥太郎は、

「後日　英名ヲ天下ニ轟カサザレバ　再ビ帰リテ此ノ山ニ登ラジ」

と扉に大書したと伝えられている。家から約一・四キロメートルという近さでもあり、このような時を選んで登拝していることから、特別の関わりがあったと考えるのが自然であろう。おそらくは岩崎家の守護神か氏神といった位置付けになっていたのではないかと考えられるところから、岩崎家は源氏を名乗っているが、元々は「星」に関わりのある血統、すなわち海人族であったと思われる。

また、三菱の基礎は、土佐藩の海運事業を岩崎弥太郎が買い取ったことに発しているのは周知であるが、これも海運と北極星信仰（北辰信仰・妙見信仰）との深い関連が考えられる。三菱グループでは大阪長堀の土佐稲荷神社を企業神社としているが、これは当初買い取った土佐藩蔵屋敷に元から鎮座していた屋敷神をそのまま継承しているに過ぎない。本来であれば、弥太郎が右のように宣言を大書した星神社をこそ三菱の守護神として奉斎すべきではないだろうか。

＊

ところで星神社は、本社が三三〇社、境内社が三七社。合計すると三六七社に上る。なかでも多数に上るのは次の三県である。（＊神社本庁登録神社のみ）

栃木県……本社／一六二社　境内社／三社
千葉県……本社／四二社　境内社／一社
高知県……本社／六六社　境内社／四社
（＊宮城県、石川県、福井県、和歌山県、鳥取県、香川県、徳島県、佐賀県、長崎県、宮崎県、鹿児島県、沖縄県はなし）

ご覧のように、栃木県だけで実に半数を占め、千葉県、高知県と合わせた三県のみで二七八社にも上り、全体の七六パーセントにも及ぶ。いったい、この三県に何が起きていたというのだろう。（＊県という単位はごく近世のものであるが、便宜的に本書では用いる。）

このような偏在は、通常は地理的な共通点を第一に考えるもので、千葉県と高知県は海人族の定住地として古来よく知られているから、根拠もそこに求めるのが妥当であろう。

しかし最大多数の栃木県は、足利氏によって開拓されるまでは海の民とも山の民ともほとんど特別な関わりはない。ただ、栃木県は茨城県や千葉県とも隣接しており、長い年月の間に定住した海人族は関東全域に広がっているため、栃木県も海人族とのつながりは少なくないだろう。しかしそれにしてもこの差は大きすぎる。逆に、星神社の存在が、栃木県と海人族との深いつながりを示していると言えるかもしれないが。

いずれにしても栃木県に、千葉県や茨城県よりもはるかに多数の星神社が存在していることはきわめて不可思議な事実である。

ただ、栃木県には日光東照宮が一六一七年に創建されている。県内の星神社がそれ以後の創建であるとすれば、何らかの関わりがあるだろう。「星」を祀る神社という共通点を、単なる偶然と考えるにはあまりにも集中しすぎているからだ。しかし星神社のいずれか一つでも東照宮より以前の創建があるならば、創建由来は右のような、海人族の広がりを推測する以外は不明であると言わざるを得ない。

由来の残る数少ない同社の一つに栃木県佐野市の星宮神社があって、その由緒に「久安年中の草創」とある。これが史実であるとすれば、一一四五〜五一年に創建されたということであって、東照宮よりはるかに古いこととなる。

ただし、同社にはアメノミナカヌシ神は祀られていない。

また、栃木県下都賀郡の磐裂根裂《いわさくねさく》神社は、星宮《ほしのみや》神社と通称されているが、こちらもアメノミナカヌシ神は祀られていない。

★星宮《ほしのみや》　神社　栃木県佐野市大蔵町
【祭神】天津日高日子番能邇邇藝命《アマツヒコヒコホノニニギノミコト》　（配祀）磐裂神　根裂神

★磐裂根裂神社《いわさくねさく》（通称　星宮神社《ほしのみや》）　栃木県下都賀郡壬生町安

【祭神】磐裂命　根裂命

ところが、ご覧のように共通して祀られている神がある。

磐裂神と根裂神（磐裂命、根裂命）である。

磐裂神を祀る神社は、全国に本社四七二社、境内社一九社、計四九一社に及ぶ。由来はイザナギがカグツチを斬り殺した際に、その血の一滴から生まれたとされているが、それ以外に由来はまったくないため、ここに計上されているのはこの神を祀る神社が相当数に上りながら、神話も由来も伝わっていないところから、恣意的にここに嵌め込んだかのようである。

しかし通称が星宮神社であるということは、幕末当時には星宮と呼ばれていたが、明治の神仏判然令に従って、本来の名称に戻したという他の事例とも共通する経緯であろう。もとの名称が磐裂根裂神社であったかどうかは断定できないにしても、磐裂神・根裂神を祭神とする神社であって、とくにアメノミナカヌシ神と関わりはなく、また東照宮創建よりはるかに古い創祀であるのも確かであろう。

そして実は、磐裂神を祀る神社は栃木県にその大部分が鎮座している。

「岩を裂き、根を裂く神」とはいったいいかなる神であろうか。人為的にこのような現象を引き起こすのは現代ではダイナマイトなどの爆発物を連想するが、神社伝承の通りであるとすればおおよそ九〇〇年近く前ということであるから、そのようなもののあるはずもない。自然現象でそのような結果を引き起こすものといえば、何よりもまず「地震」であって、それこそ「岩を裂き、根を裂く」現象を惹起する。ただ、地震と言ってもその原因はいくつかあって、火山の噴火によるものや、地殻変動、そして隕石の落下である。

そして栃木県のそれは、「星宮」という呼称から考えて、隕石《いんせき》であるだろう。つまり、天から落下してくる（飛んでくる）岩石であって、そのほとんどは火炎に包まれて直進し、大地に激突する。さながら星が落ちてきたように思われたことだろう。

ということで、磐裂神・根裂神とは隕石であろうというのが、私の推定である。

しかも、落下墜落の結果は、かなりの衝撃で、被害も相応にあったと思われる。岩を裂き、木の根を裂いた落下地点が栃木県の何処であったのか、今ではまったくわからないが、全三八六社（本社三八三社、境内社三社）にも及ぶ。落下地点は栃木県内の元・現・磐裂神社のいずれかの境内であったことは想像に難《かた》くない。（＊隣県の茨城県、群馬県、埼玉県にも少数鎮座するため断定はできないが、圧倒的多数を擁する栃木県の可能性がやはりより高いだろう。）

天から降ってきた脅威は神以外の何者でもないと古代の人々は畏怖したことであろう。それをこの地域のあちこちで祀ったのが磐裂神社や磐裂宮であって、天の脅威からアメノミナカヌシ信仰へと変換されるのはごく自然なことであったかもしれない。この神社のように、祭神にも通称にもアメノミナカヌシの姿は見当たらない神社もあれば、磐裂根裂の神と共にアメノミナカヌシを祀る神社もあり、また完全にアメノミナカヌシへと祭神を入れ替えてしまったところもある。

北辰信仰

次に、北辰信仰（妙見信仰との習合を含む）を概観してみよう。

［祭神名一覧］

七星、大星神北辰大神、北極星、北辰星、北辰星命、北辰菩薩、北辰様、北辰鎮宅霊符尊神、北斗七星、北斗七星神、北斗星、北斗尊神、北斗大神、北斗北辰、北斗妙見。

ご覧のように、ひとくちに北辰信仰と言っても、その祀る神の名には微妙な違いがある。北極星と北斗七星が混同されているのは先に指摘したとおりだが、それがそのまま信仰の本質でもある。すなわち、一体のもの、と理解したい。『天官書』にあるように、北辰は北斗に乗って活動するのだ。

妙見信仰そのものは中世以降のものであって、妙見菩薩とはスドリシュティ、北極星および北斗七星を神格化したものだ。

ちなみに、北辰一刀流の千葉周作道場は「玄武館」と呼称していたが、その由来もこれによる。玄武とは風水学の四神相応《しじんそうおう》で北を意味する神獣である。

社名に北辰や北斗を称しているもの、また祭神に北辰およびその別名を祀っているものは多数に上るが、最も明確に北極星信仰を示していると考えられる北辰神社系二一社（社名・通称に北辰が付いているもの）についてのみ概観してみよう。いくつか気が付くことがある。

［北辰神社一覧］

▼北辰社（大崎八幡神社境内社）　宮城県仙台市青葉区八幡

【祭神】天之御中主神

▼北辰神社　〈通称〉**妙見様**　宮城県栗原市若柳川北欠

【祭神】天御中主神　（配祀）素戔嗚尊

▼**星神社**　〈通称〉**星之宮**《ほしのみや》、**北辰尊星**《ほくしんそんせい》、**北辰神社**　福島県南相馬市小高区行津宮下

【祭神】天之御中主之神

▼**北辰鎮宅霊符**《ほくしんちんたくれいふ》**社**《しゃ》（飯玉《いいだま》神社境内社）　群馬県前橋市広瀬町

【祭神】北辰鎮宅靈符尊神

▼**北辰神社**　〈通称〉**妙見様**　埼玉県さいたま市岩槻区横根

【祭神】天御中主尊

▼**北辰神社**　千葉県成田市高倉

【祭神】天御中主命

▼**北辰神社**　〈通称〉**妙見宮**　千葉県鴨川市北小町

【祭神】天御中主神　（配祀）天照大神　（合祀）天穂日命　國常立尊

▼**北辰神社**　〈通称〉**妙見様**　長野県飯田市松尾

【祭神】天之御中主命

▼**北辰神社**（開口《あぐち》神社境内社）　大阪府堺市甲斐町東

【祭神】天御中主神

▼**北辰神社**　〈通称〉**妙見さん**　兵庫県明石市二見町東二見字宮ノ北

【祭神】天御中主神

▼**北辰神社**　兵庫県姫路市夢前町杉之内

【祭神】不詳

▼**北辰妙見神社**　〈通称〉**みょうけんさん**　兵庫県姫路市林田町松山

【祭神】少彦名神

▼**北辰神社**〈通称〉**妙見之神**　兵庫県淡路市塩尾（淡路島）

【祭神】天之御中主大神

▼**北辰妙見神社**〈通称〉**妙見さん**　和歌山県伊都郡かつらぎ町滝

【祭神】妙見尊　素盞男命　蛭子命　譽田別命　市杵嶋姫命

▼**北辰神社**（天津神社境内社）　島根県雲南市加茂町大崎

【祭神】北斗七星神

▼**北辰神社**（高津柿本神社境内社）　島根県益田市高津町上市

【祭神】天之御中主神　（配祀）宇迦之魂神

▼**志度**《しど》**石**《いし》**神社**〈通称〉**北辰妙見宮**　山口県大島郡大島町東屋代

【祭神】國常立尊　大多滿流別命　豐御食炊屋姫命

▼**北辰社**（若宮八幡神社境内社）　大分県豊後高田市高田

【祭神】（配祀）北辰様

▼**北辰社**（八幡奈《な》多《だ》宮《ぐう》境内社）　大分県杵築市奈多

【祭神】菅原道眞　産靈神

▼**北辰神社**（宇佐神宮境内社）　大分県宇佐市南宇佐

【祭神】天御中主神　高皇産靈神　神皇産靈神

▼**天御中主**《あめのみなかぬし》**神社**〈通称〉**北辰**《ほっしん》**さあ**　鹿児島県霧島市国分清水

【祭神】天御中主命　大日孁貴尊　月夜見尊　伊弉諾尊　伊弉冉尊

全二一社のうち、半分近くの一〇社が「妙見」の別名・通称を持っている。

三つ目の福島県相馬の星神社は「星之宮北辰尊星」と通称されており、その由緒にはこう書かれている。

「北辰妙見は、太一《たいいつ》北辰尊星と号し奉り諸々の星の上首たり。
神道においては、天之御中主大神、国常立尊と号し奉り、本朝開闢《かいびゃく》之祖神たり。
真武《しんぶ》太一上帝霊応天尊と号しては、神仙の始祖なり。
妙見大薩埵《さった》と号しては、諸菩薩の上首たり。
太一上帝と称しては、儒教に尊奉す。
太極元神と号しては、卜筮《ぼくぜい》家に於て尊信す。
か丶るが故に、天竺《てんじく》、震旦《しんたん》、日域《じちいき》、諸国に於て尊奉し恭敬する事をしりぬべし。
我が朝に於ては、毎年元旦、天子は、北辰尊星を拝し、天地四方を拝す。
三月三日、御燈を北辰尊星へ奉らる。」(「星之宮北辰尊星　星神社由緒」)

この記述に北辰の性格、すなわち汎神性《はんしんせい》がよく示されている。呼び名はそれぞれで異なるが、実体は北極星である。しかも、すべての信仰において〝最高神〟と位置付けられている。

注目すべきは和歌山の北辰妙見《ほくしんみようけん》神社で、社殿は「北向き」である。多くの神社が南向きなのは「太陽神」であるアマテラスを迎えるためとされるが、この論法で解釈するならば、北向きの神社は「北極星神」であるアメノミナカヌシを迎える意図で建設されたということになる。古社・大社には実は少なからぬ北向き神社が存在するのだが、もしこの論法によるとするならば、これらの古社大社は太陽信仰とは相容れないことになる。しかし真相は通説とはまったく逆のもので、それについては第三章において解答しよう。

これ以外に寺院も多数あって、よく知られているのは大阪の能勢《のせ》妙見山であろう。妙見宮という別名でも呼ばれているが（鳥居がある）、日蓮宗の寺院となっており、近松門左衛門や歌舞伎役者、棋士の坂田三吉などの信仰も集めていたことで有名になった。また東京別院は、勝海舟とその父が熱心に信仰していたことでも知られている。海舟という号も、いかにも海人族由来を思わせる。

その名の通り、能勢氏の氏神として古くから祀られていた「鎮宅霊符神」を法華経の守護神「妙見大菩薩」とし、領地が一望できる為楽《いらく》山の山頂に祀った。これが能勢妙見山の始まりである。日蓮みずからの守護神としたところから、日蓮宗の寺院では妙見菩薩を祀っている。安永三年（一七七四年）、能勢家の江戸下屋敷内（現在地）にも妙見堂を建立したのが能勢妙見山別院の始まりである。妙見信仰そのものは中世以降のものであって、妙見菩薩とは北極星および北斗七星を神格化したものだ。

▼**能勢妙見山**〈別名　**妙見宮**〉〈通称〉**能勢の妙見さん**　大阪府豊能郡能勢町野間中
▼**能勢妙見山別院**　東京都墨田区本所

なお、妙見神社は、先に記したように総数は二八八社に上るが、その大部分が星宮・北辰神社等他社の通称・別称であるため、とくに採り上げることはしないが、北辰信仰の伝播に一定の役割を果たした妙見社はいくつかあって、そのうち三社のみ以下に紹介しておく。国の重要無形民俗文化財に指定されて、勇壮無双な祭礼として全国的にも知られている相馬《そうま》野《の》馬《ま》追《おい》はこの三つの妙見社、相馬中村神社、相馬太田神社、相馬小高神社の祭礼である。妙見信仰が出羽陸奥や坂東武士に伝播した契機の一つであるとされる。

「妙見とは仏教でいう妙見菩薩のことであり、北極星・北斗七星を神格化したもので、これは北方鎮護をつかさどる星祭信仰がもととなっております。北極星・北斗七星は方位を知らせる重要な星であることから妙見信仰は牧場地帯に多く見られるといわれ、牛馬の安全、交通安全、海上安全などにいたるまで幅広い御信仰が地元はもちろん東北、北海道ほか広い範囲に及んでおりますのは誠に御神徳のいたすところであります。」（相馬中村神社由緒）

「（相馬野馬追は）平将門が、関八州の兵を集め、野馬を追い、武を練ったのが始まりであり、相馬公が当地（太田）に下向後も、馬を当社のある現在の原町市一帯の野原に放牧し、機有るごとにその野馬を敵兵になぞらい追い廻して、武を練り戦いに備えた。」（相馬太田神社由緒）

「社伝によると承平年間（九三一～九三八）に奥州相馬氏の先祖平将門が下総国（現在の千葉県）に妙見宮を創建したことにはじまります。奥州相馬氏初代師常公は先祖にならい下総国相馬郡に妙見宮を祀り、（中略）はじめの居住地であった太田（福島県原町市）から建武三（一三三六）年に小高城（福島県相馬郡小高町）に居城を移した際も、またその後、十七代利胤公が慶長十六（一六一一）年に中村城に移り住んだ際も、その城内に妙見宮をお祀りしました。」（相馬中村神社由緒）

▼**相馬中村神社**《そうまなかむら》（通称　**相馬のお妙見様**／別称　**相馬妙見大明神**）福島県相馬市中村北町

【祭神】天御中主神

▼**相馬太田神社**《そうまおおた》（通称　**妙見様**／別称　**相馬妙見総本宮太田神社**）福島県南相馬市原町区中太田字舘腰

【祭神】天之御中主大神

▼**相馬小高神社**《そうまおたか》（通称　**妙見さま**／別称　**相馬妙見本宮、妙見大明神**）福島県相馬郡小高町大字小高字古城

【祭神】天之御中主大神

ここで重要なことは、中村神社由緒にも記されているように、北極星・北斗七星は方位を示す重要な星であり、それゆえに馬術や放牧が盛んであった東国の武士たちにその信仰が広まったという点であるだろう。とりわけ関東平野は日本の中でも突出して広大であるところから、方位を判断するための指針がきわめて少なく、まして宵から夜間にかけては天空の星を目印にする以外に手段はない。夕暮れ以降の平野地は、さながら夜間の大海原のように頼るべき指針は星のみとなる。それが北極星信仰の由縁となった。

ちなみに水天宮《すいてんぐう》もアメノミナカヌシ神を主祭神の一つとしているが、これは安徳天皇が壇ノ浦で入水したことから、海との縁を海人族《あまぞく》とのつながりに求めて後から習合されたものであるだろう。久留米市の水天宮が総本宮で、全国に八〇余社鎮座（本社三二社、境内社五〇余社）。社伝によれば創建は建久年間（一一九〇～九九）のことで、建礼門院に仕えていたという尼が壇ノ浦に沈んだ安徳天皇

と平氏一族を祀ったのが起源とされる。
▼**水天宮**　福岡県久留米市大字瀬下町
【祭神】天御中主神・安徳天皇・高倉平中宮《たかくらたいらのちゅうぐう》（建礼門院《けんれいもんいん》、平徳子《たいらのとくこ》）・二位の尼（平時子）

記・紀に見える「星」

隕石に限らず「星」に親しむ人々は古来全国各地にいたはずである。

ところが『古事記』には「星」という言葉はほぼ見当たらず、ただ一ヶ所のみで、中巻に星川臣《ほしかわのおみ》という氏族名が見られるばかりである。まるで「星」という概念が存在しなかったかのようだ。『古事記』の世界においては、太陽も月も、また夜空に光る点描も、星という認識ではなかったのかもしれない。あるいは「星」を隠さなければならないような理由があったのか、また「星」に言及することが禁忌であるような状況でもあったのか、理由はいくつも考えられるだろう。


これに対して『日本書紀』では、「星」の字の用例は三六ヶ所に及ぶ。しかも書紀の性格や政治体制などについて示唆に富むものが少なくないので、以下に列挙する。（＊書き下し、口語訳とも筆者による。また各用例の下に付した数字は同巻内本文中に確認された数である。）

▼**（巻第二　神代下）**……………二
「其の服《うべな》わぬ者は、唯星神《ホシノカミ》・香香背男《カカセオ》のみ。」

「天つ神、経津主神《フツヌシノカミ》・武甕槌神《タケミカヅチノカミ》を遣わして、葦原中国《あしはらのなかつくに》をしづめしむ。時に二神《フタハシラノカミ》曰《もうさく》、天《あめ》に悪神《あしきかみ》あり、名を天津甕星《アマツミカホシ》、亦の名を天香香背男《アマツカカセオ》。請ふ、まづ此の神を誅《つみな》ひて、しかこして後に下りて、葦原中国を撥《はら》はむ。」

アマテラス大神が、経津主神と建御雷神を派遣して葦原の中つ国を平定させようとしたところ、その二柱の神がこう言った。「天に悪い神がいます。天津甕星、またの名を天香香背男。どうぞこの神をまず除いてください。それから降臨して葦原の中つ国を平定させていただきたい」と。

カカセオとは、輝く大きな星というような意味だろう。その星が、中つ国の平定を阻害する悪しき星だとこの二神は言っている。『古事記』には登場せず、『日本書紀』の一書にのみ記録されている。平田篤胤はこれを金星のこととしている。

仮に金星だとするならば、金星を信仰する一族が平定の邪魔になるということになる。先に紹介した名古屋市西区の星神社は牽牛・織女を祭神としている稀有な神社であるが、この二神の上に天香香背男神がいて、この神に酒を供して鎮めるのを祭祀の始まりとしている。七夕は金星の祭りでもあるので、不服従の強力な渡来の一族が阻害要因として存在していたということになるだろう。

ちなみに、天津甕星・天香香背男神を祭神としている神社は北は茨城県から南は大分県までの全国に六〇余社現存する（うち四国に一七社）。いずれにしても「星」を信仰する者たちは（海人族であろうが）、ヤマトにまつろわぬ者たちであって、彼らの信仰する星神であることから当初は悪神とされていたということであろう。なお香香背男《カカセオ》の「カカ」は輝くであろうから、ひときわ輝いて見える彗星流星という説もある。彗星流星は古くから凶兆とされていた。

▼（巻第九　神功皇后摂政前紀）…………一

「阿利那禮河《ありなれかは》の返りて逆しまに流れ、河の石の昇りて星辰《あまつみかほし》となるにいたるをおきて」

新羅王が日本軍に降伏する際の言葉で、川の石が天に昇って星になることがない限り、と喩えて「裏切ることはありえない」「約定を永遠に果たす」との意思を表明している。この時より、新羅国は日本の属国になったという記述である。

▼（巻第十一　仁徳天皇紀）……………一
「宮の垣、崩《やぶ》れども造らず、茅茨《かやしり》、壊《こぼ》るれども葺《ふ》かず。風雨、隙に入りて、おほみそ、おほみふすま、うるほす。**星辰**《ほしのひかり》、壊《やれま》より漏りて、床蓐《みゆかみましき》を露はにす。」

仁徳天皇が貧しい民を哀れんで租税を三年間免除し、その間に宮殿もぼろぼろになった様子の描写。天井の隙間から星の光が見えていると録している。この後、民の暮らしは復活し、煮炊きの煙が家々から立ちのぼる様を眺めて、

「高き屋にのぼりて見れば　煙立つ民のかまどは　にぎはひにけり」

と仁徳天皇が詠んだ歌として『新古今集』にあるが、記・紀・万葉には見当たらないので、後世の作であろう。

▼（巻第十四　雄略天皇紀）……………四
「**星川　稚宮皇子**《ほしかわのわかみやのみこ》」「星川」「星川王」

星川は地名で、雄略帝の第二の皇子の呼び名。

▼（巻第十五　清寧天皇〜仁賢天皇）……………五

「星川皇子」

▼（巻第二十三　**舒明天皇紀**）…………九

★六年秋八月、**長星**《ながきほし》、南の方に見ゆ、時の人、彗星《ははきぼし》といふ。

★七年春三月、**彗星**《ははきぼし》、廻《めぐ》りて東《ひむがし》に見ゆ。

夏六月乙丑朔甲戌、百済《くだら》、達率《だちそち》柔等《ぬら》を遣《つかわ》して、朝貢《みつきたてまつ》る。

秋七月乙未朔辛丑、百済の客《まろうど》を朝《みかど》において饗《あえ》たまふ。

是月、瑞《あやし》き蓮《はちす》、剣の池に生ひたり、一茎《ひともと》に二つの花あり。

★八年春正月壬辰朔、**日**《ひ》**蝕**《は》えたり。

三月、采女《うねめ》を奸《おか》せる者をことごとく劾《あば》きて（弾劾《だんがい》して）、皆罪《みなつみ》す。是時、三《み》輪君小《わのきみを》鷦鷯《さざき》、その推鞫《しらべ》るところを苦《なや》みて、頸《くび》を刺して死す。

夏五月、霖雨《ながめ》して、大水《おほみず》あり。

六月、岡本の宮に災《ひつ》けり。天皇、遷りて田中の宮に居ませり。

秋七月己丑朔、大派王《おほまたのおほきみ》、豊浦大臣《とゆらのおとど》（蘇我蝦夷）に謂《かた》りて曰《いわ》く、

群卿《まえつきみたち》及び百寮《つかさつかさ》、朝《みかど》参りすることすでに懈《おこた》れり。今より以後《のち》、卯《うのとき》（午前六時）の始めにまゐりて、巳《みのとき》（十時）の後に退こう。因りて鐘をもて節と為せ。

然るに、大臣、従はず。この歳、大きに旱《ひでり》して、天下飢《あめのしたうえ》す。

★九年春二月丙辰朔戊寅、**大星**《おおきなるほし》、東より西に流る。すなわち音ありて雷に似たり。

時の人の曰く、**流星**《ながれぼし》の音なり。また曰く、地雷《つちのいかづち》なり。

ここにおいて、僧旻《みん》曰く、流星に非ず。これ天狗《あまつきつね》なり。その吠ゆる声、雷に似たり。

三月乙酉朔丙戌、日蝕《は》えたり。
この歳、蝦夷、叛《そむ》きて朝《もう》でず。

舒明六から十二年の七年間にのみ、「長星《ながきほし》」「箒星《ははきぼし》」「大星《おおきなるほし》」「流星《ながれぼし》」など九件もの「星」が集中し、なおかつ日蝕も加えれば、十一件に及ぶ。

この時期にはまだ陰陽寮は存在せず、公式な観測もなかったと思われるため、誰もが目撃した記録が記されていると考えられ、舒明朝においてはすでにそれを重視するようになっていたのであろう。旻《みん》を始めとする留学経験のある僧が関わって、この頃から朝廷内で天文への関心が高まっていったと考えられる。

舒明天皇は蘇我蝦夷《えみし》の傀儡《かいらい》であったというのが定説で、とすれば蝦夷の意向が政策に強く反映していたと考えられる。とりわけ遣唐使の往来は特筆すべきことであって、多くの学問僧や学生が渡るとともに、唐からも使者の来訪や、これまで遣隋使・遣唐使で渡っていた者たちの帰国も相次いだ。僧の旻や南淵請安《みなぶちのしょうあん》、また高向玄理《たかむこのくろまろ》が帰国したのも舒明朝である。こうした状況もあって、この当時の朝廷は渡来の新しい知識や経験が活発に採り入れられていたと思われる。

なお二ヶ所見える日蝕《にっしょく》は、いずれも凶兆とされていたことが記されている。とくに一つ目の八年は、犯罪や天変地異が連続しており、宮殿の火災まで起きている。

余談であるが、旻が流星を「天狗《あまつきつね》」と断定しているが、記・紀全編を通じてこの語彙はここの唯一度見られるのみで、むろん日本史上初出である。旻が唐から持ち帰った知識の一つであって、元々の天狗《てんぐ》が高鼻で赤ら顔の巨人などではないことがこれによって判明する。

▼（巻第二十四　皇極天皇紀）…………一
「客星《まろうどぼし》が月に入った」

通常は見えない星が、月に吸い込まれるようにふたたび隠れたということか。

▼（巻第二十七　天智天皇紀）…………一
「星ありて、京の北に殞《お》つ。この春、地震《ないふる》」

この記録は「京の北で星が落ち、この春、地震があった」というもので、隕石を地震の予兆としている。なお『日本書紀』に記録された地震は二二ヶ所である。『古事記』には地震の語彙はない。

▼（巻第二十九　天武天皇紀下）…………一二
★天武天皇四年一月「始めて**占星臺**を興つ」。
占星臺（台）とは当時の天文観測所すなわち天文台のことで、陰陽師が占星術をおこなうための中核施設である。天武天皇による占星台の建設は、わが国における陰陽道の公式な発祥を示しており、この年、天武天皇四（六七五）年から、明治三（一八七〇）年の天社禁止令（太政官布告七四五号）によって廃止されるまでの一一九五年間に及ぶ国家陰陽道の開始の年である。

ちなみにこの年より陰陽師による天文密奏《てんもんみっそう》がおこなわれることとなり、陰陽師から天皇へ一対一で、国政の重要な決定があったと考えられるが、なにしろ密奏であるため、紀に記録はあっても、その内容は一切遺されていない。この手法は諸葛亮孔明に倣ったとされる。

★天武天皇五年七月「**星有りて、東に出でたり。長さ七八尺、九月に至りて天に竟れり**」

彗星が東に現れ、長さは七、八尺。九月になって大空にかかるほどになったという記録であるが、この直後には政変や災害などの記録は見当たらない。考えられるのは、あとに続く記録が削除されたか、公式記録に相応しくないものであったかであろうか。

★天武天皇十年九月壬子「十六日《みづのえねのひ》、**篲星**《ははきぼし》、見ゆ。十七日《みづのとうしのひ》、**熒惑**《けいごく》（火星）、月に入れり」

彗星が現れ、その翌日には熒惑《けいごく》（火星のこと）が月に隠れたという記録。『史記』の「天官書」に熒惑の動きは用兵を示唆するとあるところから、急遽、軍事上の指示をおこなったが、ここには記さなかったということであろうか。

★天武天皇十一年八月「この夕《ゆうべ》の昏時《いぬのとき》、**大星**《ゆうづつ》、東より西へわたる」

「大星」は「ゆふづつ」と訓じ、「金星」のこと。前後に虹や三足雀などの吉兆が記されているため、吉兆の徴と思われるが、具体的な記述がないため不詳。

★天武天皇十三年十一月

「三日《かのえいぬのひ》、土左国司《とさのくにのみこともち》、言《もう》さく、
大潮《おほしお》、高く騰《あが》りて、海水《うなつみ》、飄《ただよ》ふ。
是に由りて、調《みつき》運ぶ船、多く放れ失せたり。
二十一日《つちのえたつのひ》、昏時《いぬのとき》（夕暮れ時）、**七つの星**、ともに東北《うしとら》に流れ隕ちたり。
二十三日《かのえうまのひ》、日没時《とりのとき》、星、東の方に隕ちたるは大きさ瓫《ほとき》の如し。
戌《いぬのとき》（夜八時頃）にいたりて、天文、悉く乱れ、**星隕つる**こと雨の如し。

是の月、星、ありて、中央《なか》にひころへり。

昴星《もうしよう》（昴星《すばる》）と雙《なら》びて行く、月末《つごもり》にいたりてうせぬ。

是の年、詔《みことのり》す、伊賀・伊勢・美濃・尾張の四つの国、今より以後《のち》、調《みつき》の年には役《えだち》を免《ゆる》し、役の年には調を免せ。

倭《やまと》の葛城下郡《かつらぎのしものごおり》言《もう》さく、四つの足ある鶏《にわとり》あり。

亦《また》、丹波国《たにはのくに》の氷上郡《ひかみのこおり》言さく、十二《とおあまりふたつ》の角《つの》ある犢《うしのこ》あり」


いささか複雑な記録なので以下に口語訳と解説を記す。


「三日、土佐国司が次のように報告した。

高波が押し寄せて、海水が沸き返り、そのために調（税）を運ぶ船が多く失われた。

二十一日、夜八時頃、七つの星が一斉に東北方向へ流れ落ちた。

二十三日、午後六時頃、甕《かめ》くらいの大きな星が東の方角に落ちた。さらに八時頃になって天文がことごとく乱れて、隕石が雨のように降ってきた。

この月、天の中央にぼんやりと光る星があり、昴星と共に動き、月末に至ると失われた。

この年、次のように詔があった。

伊賀・伊勢・美濃・尾張の四カ国は、今より後は、調（税）のある年は労役を免除し、労役のある年は調を免除する。

倭国の葛城の下郡が、四足ある鶏が見つかった、と報告した。

また丹波国の氷上郡《ひかみのこおり》が、十二本の角を持つ子牛が見つかった、と報告した」

天武帝による、四ヶ国への特別な措置は、壬申の戦における功労への報償ではないかと考えられている（これ以前に姓《かばね》を始めとする報償がすでに与えられているが、今回の措置は今後永年にわたるものであるところから、壬申の戦の報償としては締めくくりになるものであろう）。そしてこの措置をおこなう前に、高波や隕石の落下などの凶兆を記しているのは、為すべき報償をおこなっていないことへの天の督促で、措置をみことのりして後の吉兆は、天によって祝福されたことを示しているものと思われる。それらを凶兆は陰陽道の占星術によって表現し、吉兆は漢書や隋書などの記述に倣って表現したものであろう。いずれも、今回の特別な措置を正当化するために幾重にもかさねて記しているものと解釈できる。また『日本書紀』そのものが唐国を対象とした国威発揚の文書であることをも象徴的に顕《あらわ》しているといえるだろう。

このように「星」関連記述は天武紀の下巻のみで計一二ヶ所見られるが（他に星の字を用いない星の記述もある）、『日本書紀』における関連記述の三分の一以上を占めているのは、やはり陰陽道提唱者たる天武帝の巻たればこそであるだろう。

▼（**巻第三十　持統天皇紀**）…………一

★「是夜、熒惑与歳星、於一歩内乍光乍没、相近相避四遍。」（このよる、けいごくとさいしやうと、ひとあしのうちにして、あるときはひかりあるときはかくれつつ、あひちかつきあひさることよたび）

この記録は天文観測の典型例で、「熒惑（けいごく）」とは火星のこと、「歳星（さいしやう）」とは木星のことで、この二つの星が光ったり陰ったりしながら、さらに四度にわたり近づいたり離れたりしていたという記録である。何かの予兆と解釈したものか、持統天皇はこの直後に恩赦を実施している。

いかがであろうか。『古事記』ではほぼ皆無といえる「星」についての記述が、『日本書紀』ではかくも多様に記述されている。すなわち『古事記』は「星」にほとんど関心がなく、『日本書紀』は「星」に大いに関心を抱いており、それどころか星の動向によって政治的にも重大な影響を受けている。この事実は『古事記』と『日本書紀』の性格の違いを如実に表していると言えるだろう。『古事記』は山人《やまひと》（天孫族・縄文人）の記録であり、『日本書紀』は海人《うみひと》（海人族《あまぞく》・海洋民族）の記録であると考えられる。土着の者である山人はとくに星を重視せず（太陽と月は星とは別ものとも考えていたようだ）、海洋民族の末裔である海人族は地震を始めとする様々な事象を星との関連でとらえている。

ちなみに『万葉集』では「明星」「彦星」など三四ヶ所あって、半数の一七が彦星である。こちらは海山混淆であろう。

『古事記伝』の付録に『三大考』という冊子があって、宣長の弟子の服部中庸《なかつね》が著したものであるが、その末尾にこんな一文がある。

「外国には、星を日月にならべて、いみじき物にすれども、皇国のいにしへの伝へには、星のことなし。ただ書紀に、星の神香々背男と云ふ、いやしき神の名の見えたるのみ也。日月とならべてことごとしく云ふべき物にはあらず。」

とあるが、まったくの誤りであることは右に示した通りであって、なにゆえ宣長はこのような冊子を付録とすることを許可したのか、あまりの落差で理解に苦しむ。

確かに『古事記』は不自然なほどに「星」を避けている。対して『日本書紀』は、様々な「星」についての記述がある。考えられることの一つは、『古事記』においては北極星＝天之御中主神を際立たせるために星の記述をあえて消したか。対する『日本書紀』は、対外的な国書として評価を得るために、シナの歴史書に倣って得意な自然現象について逐次記述することにしたか、そんな理由も考えられる。

なお「星」は、漢音では「せい」、和音では「ほし」であるが、「ほ・し」の万葉仮名表記は存在せず、記・紀はもちろん『万葉集』においてもすでに「星」という漢字が用いられている。

それでもしいて類推すると、「火斯《ほし》」「穂之《ほし》」であろうか。古代において光を発するものは大小にかかわらず「火」を連想していたであろうし、それを強調するために「斯」を付けたかもしれない。また、刈り取られた稲穂が金色に輝き散らばる様を星空に擬《なぞら》えたかもしれない。（＊これらの表記は現実には存在しないもので、あくまでも著者の空想である。）

なお、北斗七星は北極星からわずかに離れた場所に位置するおおぐま座の一部のことで（＊三三頁図版参照）、七つの星から成る柄杓形の星座である。道教ではこれら七星を、貪狼《どんろう》星、巨門《こもん》星、禄存《ろくそん》星、文曲《もんごく》星、廉貞《れんてい》星、武曲《ぶごく》星、破軍《はぐん》星と呼称し、北極星信仰と習合して、人間の禍福を司る神とした。人間の命運は生年の干支でこの七星のいずれかに決まるもので、これをその人間の本命星とする。これを属星《ぞくしょう》と呼称する。天皇も定められた自身の属星を生涯祀る。（＊公式には廃止したことになっている。）

もともと「星」の信仰祭祀は「醮祭《しょうさい》」といって、道教の冬至の祭儀である。これを日本の密教が採り入れたものが星祭り、星供養。旧暦の元旦や、立春、冬至などにおこなわれる。

陰陽道・神道の四方拝は元旦におこなわれるが、起源によれば本来は冬至におこなわれるべきものであろう。このような現象が起きているのは、太陽太陰暦導入の際に、日本の元旦がズレてしまったというのがおそらく正確なところで、冬至は一年のうちで夜が最も長い日のことであるから、天文学的には冬至の翌日の夜明けが元旦に当たる。たとえば昨二〇二二年は十二月二十二日が冬至であったので、正しくは翌二十三日の夜明けに四方拝はおこなわれるべきもので、この日、二〇二二年十二月二十三日が、二〇二三年一月一日ということになるだろう。

宮中祭祀と北辰・北斗

日本の陰陽道は、渡来の知恵である道教・風水等に起源することは既に述べた通りであるが、それはさらに神道・神社とも深く融合した。とくに神社という祭祀様式は道教に倣ったものであり、神社建築は仏教伽藍に対抗模倣して考案されたものである。

しかしもちろん、神道信仰そのものはわが国古来の惟神道《かんながらのみち》に起源する。

さてそれでは、天皇祭祀・宮中祭祀はどのように折り合いをつけてきたのだろう。

『延喜式』（九二七年成立）の「神名帳」に、全国すべての官社《かんしゃ》、三一三二座の神々が録されている（民社《みんしゃ》は含まず）。そしてその冒頭に、いわゆる宮中八神が「御巫祭神八座《みかんなぎのまつるかみはちざ》」として掲上されている。つまり、八神は、式内社の中において最上の格式とされているものであって、神祇官西院に特に「八つの神殿」を設けて、御巫（女性神官）の筆頭である大御巫が奉斎していた。この八神こそは古来、天皇守護神とされている。

【八神殿】
第一殿　神産日神（カムムスヒ）
第二殿　高御産日神（タカミムスヒ）
第三殿　玉積産日神（タマルムスヒ）＊タマツメムスヒ
第四殿　生産日神（イクムスヒ）
第五殿　足産日神（タルムスヒ）
第六殿　大宮売神（オホミヤノメ）＊オホミヤメ
第七殿　御食津神（ミケツ）
第八殿　事代主神（コトシロヌシ）
（＊神名表記は『延喜式』に準拠）

神産日神・高御産日神・玉積産日神・生産日神・足産日神の五神は、その名から「ムスビ（結び）の神」とされている。（＊『古事記』では産巣日、『日本書紀』では産霊と記されており、いずれも「ムスヒ」と訓ずる。）

大宮売神は内侍の神格化、御食津神は食物を司る神、事代主神は言葉を司る神とされる。古来、この八神が天皇を守護する神である。

しかしその後、武家政治の興隆にともない宮廷は衰退し、とりわけ応仁の乱の後は祭祀が中断する。江戸時代に入って吉田神社境内斎場所と白川神道家邸内において祀られることとなるが、さらに明治政府による神祇官の再興にともない、神祇官仮神殿に八神および天神地祇を併せ祀り鎮座することと

宮中三殿御図（皇典講究所製作／著者蔵）三殿は南向きに建っており、東が神殿、中央が賢所、西が皇霊殿。アメノミナカヌシ神は神殿に祀られている。

なり、ここに八神殿の称を廃して神殿《しんでん》となった。賢所《かしこどころ》・皇霊殿《こうれいでん》と共に宮中三殿と称する現在の姿がここに完成した。

宮中三殿は、向かって右から神殿、賢所、皇霊殿となっており、すべて檜の白木造りである。ただ、屋根は当初檜皮葺《ひわだぶ》きであったものが防火のためとして銅板葺きに換えられてしまった。明治三十八（一九〇五）年のことである。

神殿は「八百万の神々」を祀り、賢所は「天照大御神《アマテラスオオミカミ》」を祀り、皇霊殿は「歴代天皇と皇族」を祀る。

宮中三殿と聞くと、あたかも三種の神器がそれぞれに祀られているかのように思われるが、神器は賢所に祀られている八咫鏡（形代《かたしろ》）のみであって、八坂瓊曲玉（本体）と草薙剣（形代）の二種は宮殿内の剣璽の間に鎮まっている。（＊詳細は拙著『三種の神器』を参照されたい。）

神殿内での神々の序列がどうなっているかは知るよしもないが、かつての序列があえて変更されるはずもないので、おそらく上位は、昔も今も右に示した通りであろう。

しかしご覧のように、もとの八神殿に、アメノミナカヌシは祀られていない。不在である。『古事記』に従えば第一殿の神産日神と第二殿の高御産日神との上位になければならないはずであるが、東京遷都の時まで、祀られていなかったはずである。

明治五年に現在の宮中へ遷座して「八神殿」を「神殿」と改称した際に、本来の八神に天神地祇を合祀した。したがって、論理的にはこの時にアメノミナカヌシも合わせ祀られたことになるだろう。

読者はすでにお気付きと思うが、天皇守護である八神殿に、アマテラス（天照大御神）の名がない。その理由は、アマテラス神は天皇の守護神ではないからで、むしろ天皇に祟《たた》り為す神であると、崇神《すじん》紀に明記されている（＊詳細は拙著『アマテラスの二つの墓』を参照されたし）。現在の宮中三殿においては賢所において祀られており、神体である八咫鏡の本体は、周知のように伊勢の内宮に祀られている。

ところで八神殿には、アマテラス神の名がないばかりか、アメノミナカヌシ神（天之御中主神）の名もないのだが、これはいったいどうしたことだろう。宮中において皇祖も天祖も天皇の守護神として祀られていなかったということなのだ（＊現在は祀られている）。しかしアメノミナカヌシ神が天皇に祟り為す神とは考えられないし、記・紀のいずれにもそのような記述はない。

では、アメノミナカヌシ神は、天皇にとっていかなる存在であるのか。

北極星と四方拝《しほうはい》

天皇が宮中において「国家の繁栄」と「国民の安寧」を祈って日々おこなう祭祀は「宮中祭祀」と呼ばれており、全国の神社神道の頂点に位置する祭祀である。年間通して大小様々な祭祀がおこなわれているが、なかでも毎年一月一日の早朝、つまり一年の一番最初におこなわれるのが「四方拝《しほうはい》」という祭祀である。しかも他の祭祀と異なって、今上陛下ただ御一人によっておこなわれるもので、その次第は衝立に囲まれておこなわれ、他の誰も目にすることは許されない。四方拝は元々は陰陽道の祭祀であるが、一部改変して現在に至るまで千数百年に亘って連綿と続けられている。

宗教学上は、北極星を信仰の中心と為したのは道教《どうきょう》であり、またその原理を取り込んで日本独自に成立したのが陰陽道《おんみょうどう》である。

陰陽道は明治政府によって廃絶されたため現代人には馴染みが薄くなってしまったが、今なお天皇との関わりは浅からぬものがある。とくに天皇御一人においておこなわれる祭祀に今もなお伝えられている。

旧暦一月一日の寅の刻（午前四時頃）、天皇は黄櫨染御袍《こうろぜんのごほう》という黄土色の朝服《ちょうふく》を着用し、清涼殿の東庭に出御する。（＊黄土色は五色の中央を表す。）

天皇はまず北に向かい、自らの属星《ぞくしょう》を拝する。

属星《ぞくしょう》とは、陰陽道では、誕生年によって定める北斗七星の中の一つの星で、その人の運命をつかさどる命運星のことである。以下のように生まれ年で北斗七星の命運星が決まる。

孝明天皇の礼服（背中）。全体に四神を配し、襟元に北斗七星が描かれている。

子年　　→貪狼《どんろう》星（おおぐま座α星　アルファ）
丑・亥年→巨門《こもん》星（おおぐま座β星　ベータ）
寅・戌年→禄存《ろくそん》星（おおぐま座γ星　ガンマ）
卯・酉年→文曲《もんごく》星（おおぐま座δ星　デルタ）
辰・申年→廉貞《れんてい》星（おおぐま座ε星　イプシロン）
巳・未年→武曲《ぶごく》星（おおぐま座ζ星　ゼータ）
午年　　→破軍《はぐん》星（おおぐま座η星　エータ）

この中の自身の星を最初に拝するのだ。

今上陛下は昭和三十五（一九六〇）年子年の御誕生であるから貪狼《どんろう》星が属星《ぞくしょう》で、したがって年初の四方拝においてまずはこれを拝したと拝察される（その様子は何人《なんぴと》も目にすることはできない）。

しかし陰陽道の理論に従えば、天皇は北斗七星の一つという位置付けになり、つまり北極星に従属する存在であって、北極星の周りを回り続けて、北極星への忠誠を示すという理屈になる。北極星はアメノミナカヌシ（天之御中主神、天御中主尊）であり、天地初発の神であるから、『古事記』の論理とは整合する。

属星拝礼の次に天を拝し、西北に向かって地を拝し、それから四方を拝し、山陵を拝する。
このとき天皇は以下の呪言を唱える。

賊寇之中過《ぞくこうしちゅうか》度《ど》我《が》身《しん》、毒魔《どくま》之中過《しちゅうか》度《ど》我《が》身《しん》、毒気《どくけ》之中過度我身、毀厄《きやく》之中過度我身、
五危《ごき》六害《ろくがい》之中過度我身、五兵口舌《ごへいくぜち》之中過度我身、厭魅《えんみ》咒咀《じゅそ》之中過度我身、
万病除癒《まんびょうじょゆ》、所欲随心《しょよくずいしん》、急々如律令《きゅうきゅうにょりつりょう》。(『江家《ごうけ》次第』による)

これは陰陽道の呪文が元になっているもので、とくに「五危六害」は、凶運の最たるものとして忌《き》避《ひ》されていたものとされ、五危は疫病・戦争・火災など、六害は人間関係の阻害要因である。最後の「急々如律令」は、陰陽道独特の祓えの呪文である。漫画や映画でも、安倍晴明がしばしば唱えているので、ご記憶のむきも少なくないだろう。片手か両手で印を組んで唱えれば良い。意味は、強いて言えば「急ぎ律令のように厳しくせよ」といったところだが、実際の使われ方とはあまり関係はない。呪文とはそうしたもので、文言が一人歩きする。

また、この前段に並んでいる文言も、多少の異動はあるが一千年以上使われてきている呪文である。字面の通り、賊や毒や危害、病気、苦悩などの排除を祈念するものであるが、文法的には省略されて、やはり呪文化している。

なお発音は参考までにルビをふったが、本来我々の容喙《ようかい》すべからざる領域のことであって、みずから唱えるただ上《かみ》御一人のみの知るところである。四方拝とは、天皇より他におこなうことはなく、天皇のみおこなうことができる特別な祭祀である。明治以後は、皇室祭祀令によって規定され、皇室祭祀令が廃止された戦後においても、それに準じておこなわれている。

四方拝御図（皇典講究所発行／著者蔵）

現在は元旦の午前五時半に、黄色の束帯を着用して、宮中三殿の西側にある神嘉殿の南の庭に設けられた建物の中で、伊勢の内宮と外宮、すなわち皇大神宮と豊受大神宮に向かって拝礼した後に、四方の諸神を拝するように改められた。むろん寺院は一切対象外である。

戦前は国家祭祀としておこなわれて四方節と呼ばれ、祝祭日の中の四大節の一つとされていたが、戦後は天皇家の私的な祭祀として、しかし往古のままに執りおこなわれている。

ちなみに天皇という尊号は、道教の最高神である「天皇大帝《てんおうだいてい》」から来ているとすでに述べたが、天皇にとって北極星・北斗七星は古来特別なものである。

なお、北辰とは「北天《ほくてん》の星辰《せいしん》」の意であって、「北極星」と同一であるが、北辰が古く、北極星という呼び方は比較的新しいものだ。したがって道教・陰陽道でも神道でも「北辰」と呼び、「北極星」とは呼ばない。たとえば北辰信仰という呼び方は古くからあるが、北極星信仰とは言わない

（本書では一部で意図的に用いている）。

北辰は道教や陰陽道の信仰の中核であり、これを鎮宅霊符神《ちんたくれいふしん》と呼ぶ。そのお札《ふだ》である「太上神仙《たいじょうしんせん》鎮宅霊符」は、縦五〇センチメートル程もある大きなもので、この世で最強の護符とされている。その中央に描かれているのが鎮宅霊符神で、別掲図のように頭上には北斗七星が、足もとには亀と蛇が描かれている。亀に蛇がまとわりついている構図は、風水の四神で北を表す「玄武」のことで、これも「北」を象徴している。玄武とは陰陽道の地理風水で用いる概念で、四神《しじん》の一つである。「四神相応」という風水用語は、キトラ古墳や高松塚古墳の内壁画で広く一般にも知られるようになったので、ご存じの人も少なくないだろうが、青龍《せいりゅう》、朱雀《すざく》、白虎《びゃっこ》、玄武のことで、それぞれの神獣が自然界の形となって「相応」すれば、その中心は天子の宮になる、という思想である。

四神相応《しじんそうおう》が解き明かす「北に君臨する神」

陰陽道の秘伝書とされる『簠簋《ほき》内伝金烏《ないでんきんう》玉兎《ぎょくと》集』に四神相応の原理が解説されている。ちなみに本書の正確なタイトルは「三国相伝陰陽輨轄簠簋内伝金烏玉兎集《さんごくそうでんいんようかんかつほきないでんきんうぎょくとしゅう》」。一般には通称の「簠簋《ほき》内伝」で知られている。

「三国相伝」とは、インド、シナ、日本に伝えられた重要かつ貴重な書であるという意味で、仏教経典などにしばしば見られるものだ。「陰陽輨轄」は、陰陽説をすべて管轄しているという意味。

「簠簋」とは、古代シナの青銅器で、外側が方形で内側が円形のものを「簠《ほ》」、逆に外側が円形で内側が方形のものを「簋《き》」。いずれも陰陽道の宇宙観・世界観である「天円地方《てんえんちほう》（天は円く、地は方なり）」を象徴している。酒を入れて、神に捧げた器であろうと考えられている。

「内伝」は、内々に伝えられたもの、つまり秘伝という意味である。「金烏」は、三本足の金の烏で、太陽の化身・象徴とされる。「玉兎」は、月に棲む兎で、月の化身・象徴とされる。

これは長年、安倍晴明（九二一～一〇〇五）の編纂した陰陽道の秘伝書ということになっていたが、近年では後世の作という説もある。毀《き》誉《よ》褒貶《ほうへん》さまざまであるが、これまでの研究の成果もあって、少なくとも本書には陰陽道の基本思想が網羅されている。ただ基本思想や基本原理以外に、後世の迷信も加わっているのはご愛敬で、それらを峻別した「再編集本」が、いずれは現代に問われなければならないだろう。陰陽道の知恵は、かつては「秘伝」であったが、いまは「普遍」であるのだから。

太上神仙鎮宅霊符／中央部分の拡大図（著者蔵）

さてその中に**【四神相応《しじんそうおう》の地】**の概念が定められている。

東に流水あるを青龍《せいりゅう》の地と曰《い》い、
南に沢畔あるを朱雀《すざく》の地と曰い、
西に大道あるを白虎《びゃっこ》の地と曰い、
北に高山あるを玄武《げんぶ》の地と曰う。
この四神がともに足るれば、すなわち四神相応の地と謂い、もっとも大吉なり。
東に鱗魚あるは、青龍をもって最上位とし、常に水底にいるがゆえに青龍の地という。
南に禽翎《きんれい》あるは、鳳凰をもって最上位とし、常に田辺にいるがゆえに朱雀の地という。
西に走獣あるは、白虎をもって最上位とし、常に均途に走るがゆえに白虎の地という。
北に甲虫あるは、鱉亀《べっき》をもって最上位とし、常に山岳に住むがゆえに玄武の地という。

これを「相地《そうち》」の理という。この手法によって、陰陽師は藤原京以来、平城京も平安京も江戸も東京も、すべての宮都の地を選定した。京都が「最良の風水適地」と言われるのは、この理論に適合しているからであって、この配置こそが「四神相応」とされる。しかも鴨川は、相応させるために当時としては大掛かりな土木工事までおこなって人為的に矯正し、その結果『簠簋内伝』に定める通りになった。

さらに、大文字山と西山とをつなぐ東西ラインと、船岡山と甘南備《かんなび》山とをつなぐ南北ラインとは正しくクロスし、この交点にもともとの内裏が存在した。まさに風水の天心十字の法に合致しており、これなら宮都を建設するにふさわしいということになるのだろう。

そして内裏から真北を仰ぐと、船岡山の山頂のさらに真上に、常に「北極星」が輝いているのだ。

さてそれでは、シナ渡来の四神相応と、日本古来の信仰とは、はたして整合するのだろうか。実は古神道《こしんとう》（惟神道《かんながらのみち》）に、その答えがある。

神社の社殿には様々な建築様式があって、日本の建築史をシンボライズするものでもあるが、その源流となる様式は二つに絞られる。すなわち、伊勢の神明《しんめい》造りと、出雲の大社《たいしゃ》造りである。神明造りは古代の穀物倉が、また大社造りは住居が原型であったとされる。

しかし、この形はたかだか千数百年の歴史にすぎない。わが国固有の信仰形態である神道は、もっと遥かに永い歴史を持っており、その経てきた時間の大きさ古さに鑑みれば、今の形の神道は、いわば「近代史」である。これ以前の歴史は比較にならないほどに永く、これを古神道《こしんとう》と呼ぶ。古神道は、一種の精霊信仰《アニミズム》で、自然崇拝が本質だ。自然なるものすべてに神の遍在を観るもので、山も海も川も神であり、太陽も月も北極星も神である。風も雷も神であり、季節も時間も神である。すなわちこの世界、この宇宙に神ならぬものはなく、神とともに在る、という思想である。

そして、その原初の姿、原初の形は四種に集約される。

神奈備《かんなび》、**神籬《ひもろぎ》**、**磐座《いわくら》**、**靈《ひ》**、である。これこそが神道の本来の姿だ。

「**かんなび**」は、神奈備、甘南備、神名火、賀武奈備などとも書く。いずれも神隠《かんなび》の意味で、神の居る山、すなわち神体山として崇敬、信仰されるものをいう。富士山に代表される左右相称《シンメトリー》の独立峰が多いが、峰が二つ（二上山）、あるいは三つ（三峯山）、などもある。このタイプの神道信仰は、三輪山と大神《おおみわ》神社（奈良）、白山《はくさん》と白山比咩《しらやまひめ》神社（北陸）、大山と大山阿夫利《おおやまあふり》神社（神奈川）、岩木山《いわきさん》と岩《いわ》木山神社《きやま》（青森）など全国各地に見られる。中には、大神神社のように三輪山そのものをご神体として、神社に本殿を設けず、拝殿のみという形のものもある。

「ひもろぎ」は、神籬、霊諸木などとも書く。神の依り代たる森や樹木をいう。ひいては、榊などの常緑樹で四方を囲み、注連縄《しめなわ》を張り巡らして中央に幣帛《へいはく》などを立てた祭壇をいう。いずれにしても森、または擬似森で、神のすまう場所、降臨する場所、神々の集いたまえる場所である。鎮守の森の原型である。

「いわくら」は、磐座と書く。磐境《いわさか》も関連の施設である。磐座は巨石《メガリス》のことで、それ自体が神の依り代である。また磐境は環状列石《ストーン・サークル》であって、結界を造りだしている。両方の組み合わせであることが多い。

「ひ」は、靈、日、火などとも書き、太陽信仰である。太陽は光を発することから光の信仰であり、太陽光を集めて火を生み出すことから火の信仰でもある。また風の信仰、空気の信仰でもある。太陽は地上のすべてのものに降り注ぐところから、森羅万象に神々の偏在すること、すなわち精霊《アニマ》の意として靈《ひ》とする。「八百万の神々」の本質である。

このように、神奈備《かんなび》、神籬《ひもろぎ》、磐座《いわくら》、靈《ひ》の四つが、神道の本来の姿である。そしてこれらが、陰陽道の「四神」なのである。つまり、次のような配当となる。

青龍《せいりゅう》＝神籬《ひもろぎ》——神籬は、清流が走る蒼々《あおあお》たる豊かな森。だから青龍である。
朱雀《すざく》＝靈《ひ》——靈は、赤く照り輝く陽光。だから朱雀である。
白虎《びゃっこ》＝磐座《いわくら》——磐座は、力強く白き岩山。だから白虎である。

玄武《げんぶ》＝神奈備《かんなび》――神奈備は、玄《くろ》き武《たけ》き山、だから玄武である。さらにその真上の玄き空に武き輝きを放つ北極星である。

ここにようやくアメノミナカヌシ神と、日本古来の精霊信仰との連結が見えてきた。この神が一般の信仰の対象になったのは、江戸時代に入ってから、北極星の神格化である妙見菩薩と習合されるようになってからとされる。さらに平田篤胤が復古神道を標榜するに際してアメノミナカヌシを創造神と位置付けたことも寄与したとされる。

しかしそれらは近世以降の変形に過ぎず、わが国では古来すでにあった。右に示したようにカンナビ信仰こそは、その証しであって、北に高山を仰げば、必ずその上に北極星を仰ぎ見ることとなるのは必定で、それは遥か古《いにしえ》の縄文時代にまでは確実に遡ることだろう。

稲作民族にとって最も大事なのは太陽である。稲を呪物とする信仰を求心力とする村落共同体が国家建設に邁進して来たのは周知の通りだ。

海洋民族にとって最も大事なのは北極星である。天文地理の科学に基づいて航海技術を究め、日本列島においては港（津）を中心とする海辺の開発による国家建設を列島全域において着実におこなって来た。

古代には、稲作民族にとって「太陽」が必要であったように、海洋民族にとっては「北極星」が必要であったということで、このようなことが、すなわち信仰というものの一つの始まりであって、人々はそこにもたらされる超人的な力に神や霊の存在を見ていたのである。

七世紀の後半に、その太陽と北極星によって呪術と科学を統合しようとした天皇があった。そのkey word《キーワード》は、天空にあって唯一不動の星神であるアメノミナカヌシである。結果は以後の日本の在り方を決定づける歴史的重大事となって、現在の私たちも深く大きな影響を受けている。次章でその実態と素因成因に迫る。

第二章　北極星が統合した呪術と科学……天武帝が企図した陰陽道国家

始めて占星台《せんせいだい》を興《た》つ

天武紀四年（西暦六七五年）一月五日に「始興占星臺（始めて占星臺《せんせいだい》を興《た》つ）」と『日本書紀』にあると前章で紹介した。そしてこれは文字通り日本史上画期的な記録である。占星台とは古代の天文台のことで、これこそがわが国の呪術と科学を統合した証《あかし》であり象徴である。この時から国家機能の一つとして公式に天文観測と占星術がおこなわれることとなった。

以来、占星術は陰陽博士らによって研究と実践が進捗し、『日本書紀』の記録でも、陰陽師が天皇にしばしば天文密奏《てんもんみつそう》をおこなったとある。天文に異変があったときに、それを一対一の相対で直接天皇に奏上することを「天文密奏《てんもんみつそう》」と称しており、その奏上内容は単に天文学的な異変にとどまらず、異変からさまざまな予兆を読み取り、ある種の結論を導き出して予告した。これはかつて諸葛亮孔明が三元奇門遁甲《さんげんきもんとんこう》という占術をもって劉備玄徳に仕えたことと相似する。しかし「密奏」であるから、その内容については天皇ただ一人を除いては極秘であって、内容に関する記録も一切ない。そしてこれをわが国において初めておこなわせたのは天武天皇（第四十代）である。天武元年／西暦六七二年という年は、日本文化の様相が根本から一変する特別な年なのである。この年の以前と以後とでは、日本はまったく異なる国になったとさえ言えるのではないだろうか。

現在一般には、漢風諡号《しごう》の天武《てんむ》天皇《てんのう》の呼び名で知られるが、和風諡号は天渟中原瀛真人天皇《あまのぬなはらおきのまひとすめらみこと》。『万葉集』には明日香清御原宮天皇とあるが、これはおそらく通称であろう。諱《いみな》は大海人《おおしあま》。尾張氏一族の凡海《おおしあま》氏の養育を受けたことに拠るもので、壬申の戦に勝利して即位するまで大海人皇子《おおしあまのみこ》と呼ばれた。即位して後には名を呼ぶことはない。在位は天武二（六七三）～朱鳥元（六八六）年。

▼漢風諡号《しごう》　天武《てんむ》天皇《てんのう》
▼和風諡号　天渟中原瀛真人天皇《あまのぬなはらおきのまひとすめらみこと》
▼諱《いみな》　大海人《おおしあま》

諡号とは諡（おくりな）すなわち、死後に「贈られた名」である。

諱（いみな）とは「忌み名」のことで、口に出すことを憚られる名前、つまり本名のことである。大海人は、一般に「おおあま」と訓読されているが、右に示したように「おおしあま」のはずである。それにしてもなんと象徴的な諱だろう。読んで字の如く「大いなる海人《あま》」である。誰が名付けたのか不明であるが、天皇たるものとして「海人族《あまぞく》の国家を打ち立てる」ために、これ以上の意思表示はないだろう。

なお、崩御後の諡《おくりな》ではあるが、天渟中原瀛真人《あまのぬなはらおきのまひと》の「瀛」の字は、道教で神仙郷とする東海の三神山である瀛洲《えいしゅう》山、蓬萊山《ほうらいさん》、方丈山《ほうじょうさん》（方壺《ほうこ》山《さん》）の一を表し、「真人」は最も優れた道士の意味である。おそらく命名には皇后であり次の天皇となった持統天皇（諱は鸕野讃良《うののさらら》）の意向が反映されているのだろう。この二人は死後も合葬陵として一つの陵墓に埋葬されているほどで、治世も天武持統朝と一つの時代と捉えられているほどである。以下に示す功績の多くも、天武が始めて、持統が完結させたものが少なくない。

いずれにしても天武天皇の歴史的な功績は驚くべきもので、歴代天皇の中でも特別である。『日本書紀』に歴代天皇で唯一、上下二巻を費やして（他の天皇は一巻のみ）克明な事績が記されている。その「功績」は、いずれも本書のテーマに直結するものが多いので以下に概説しておこう。私はこれを「九大功績」と呼んでいる。

▼第一の功績：「天皇《てんのう》」という尊号の創唱

これは、以後の日本のアイデンティティに深く関わるものとなったのは誰もが知るところである。七代前の推古天皇の記録にすでに天皇の尊号が使われているので、これを初出とする説もあるが、それを記載している書紀自体が天武帝の勅命によって編纂されたものである。そもそも天武帝によって勅命された国史以前に、いかなる記録も現存しない。天武帝は、道教の「天皇大帝《てんおうだいてい》」から天皇を採り、その論拠用法を記紀によって展開したことからも、その創唱者であろうと考えられるだろう。

「天皇大帝」とは、前章で紹介したように北極星を意味する天の支配者という意味である。すなわち新たな尊号は、「天帝と同体」という意味であろうか。天命を受けたればこそ帝位も保証されているわけで、それゆえに常に天意をうかがう必要があるだろう。その天意に沿って治世はおこなわれなければならないという意図であるのだろう。陰陽寮（後述）は天武天皇によって設けられたが、その論拠はひとえにここに帰着する。天意をうかがう役目を負った機関が陰陽寮であり、天意を天皇に伝えるのも陰陽寮の職務であった。

壬申の乱に勝利することによって新たに皇位についた大海人は、それが天の命によるものであったと強調する必要もあった。というのも壬申の乱では天智天皇の皇太子である大友皇子と戦っており、中央の有力な皇族豪族の多くが大友軍に参加していたからである。

かたや大海人軍に参加したのは、舎人《とねり》などの下級官人や若手、また地方の豪族たちであった。結果的に大海人軍の若い力の圧勝となったが、国家を二分しての戦いに禍根は残ったはずで、新しい治世を正当化するためには旧勢力を完全に封じるだけの理論武装が必要であったのだ。「おおきみ」に代わる新たな尊号は、その根幹を成す。

天武天皇二年八月二十五日に、即位祝賀のために朝貢した耽羅《たむら》(済州島の国家)の使者に対して「天皇は天下を新たに平定して、初めて即位したのであるから、祝賀以外のことでは会わない。早々に立ち帰るように」との詔《みことのり》を伝えさせた。つまり、まったく新しい国家を創建したのであるから、天智への弔問は受け付けないということである(『日本書紀』)。

この記述を見る限りは、どうやら天武天皇は、ヤマト国は自分が滅亡させた、そして自分はまったく新たな国家として日本国を創建したという意識を持っていたようだ。国王の呼称も、国家の呼称も新たなものを採用したのであるから、確かにそのように考えていても不思議はない。以下の「功績」を見ると、その志向性がより明確になる。法規も官位も宗教も宮殿も、ほぼすべて改変しているからだ。

▼第二の功績:『古事記』と『日本書紀』の編纂を勅命

当時の日本にとって、国際外交の体面のために、体裁の整った「国書」が必要であって、天武帝の発意によって初めて成立することになる。天武天皇は「これすなわち、邦家の経緯、王化の鴻基ぞ。」

（『古事記』序文）としている。すなわち、歴史書の編纂事業こそは国家の根本であり、天皇政治の基礎であるとしている。両書ともに完成は天皇の没後になるが、わが国最初の公式国書の誕生である。ただし両書の性格は大きく異なる。

『古事記』　七一二年

『日本書紀（日本紀）』七二〇年

このように二書はわずか八年をおいて相前後して成立しているが、意義・役割はまったく異なる。対外的つまり国際外交を意識して編纂されているのは『日本書紀』であって、これに対して『古事記』は対内的意図によるものであるだろう。

『日本書紀』は、当時の国際語でもあった漢文で書かれ、内容も神話編以降は年代順に記録の形を採り（編年体）、いわば国際標準に準拠している。

『古事記』は、古来のやまとことばを、外来文字の漢字を用いて音訓和漢混淆文で書かれている。

つまり『日本書紀』は外国人（漢字圏）に読ませることを第一の目的としており、『古事記』は純粋に国内用である。なお、当時の人々が「こじき」「にほんしょき」と読んでいたという記録も根拠も存在しない。『古事記』は、ヤマト訓みであるならば「ふるきことのふみ」となるが、本文は主に万葉仮名であることから、表題も万葉仮名であるとすれば、「古」は「こ」、「事」は清音の「し」、「記」は「き」であるから「こしき」ということになるだろう。『日本書紀』は、本文中に登場する日本武尊を「やまとたけるのみこと」と訓じているので、日本は「やまと」、書紀は漢音であれば「しょき」、ヤマト読みであれば「ふみ」となるため、「やまとしょき」か「やまとのふみ」となるだろう。

ただし、表題については本文とは別に後世において付されたとの説もあって、本文と表題とが異なる時代に成立したものであるとすれば、右に示した私見の根拠も揺らぐこととなる。それゆえ、本書では主題の外でもあるため、二書の表題についてはこれ以上考究はおこなわないこととする。

いずれにせよ、『古事記』は全編ほとんどを神話の記述としているが、『日本書紀』も巻第一と巻第二によって神話編としている。この両者は共通点も多いが、異説もあって、互いに補完し合う部分もある。なかでも重要なのは、アメノミナカヌシ神の登場場面である。

『古事記』ではすべての神々の一番最初に「天之御中主神」として登場する最高神である。ところが『日本書紀』では一書《あるふみ》の四番目の書にようやく「天御中主尊」として登場するのだが、最初ではなく三番目の神である。

なお「一書」というのは『日本書紀』を編纂する際に参考資料として用いたもので、「神代巻」のみに存在し、他の巻にはない。一ヶ所に最大で一一あるが、それが一書の全冊数か否かは不明である。掲載数は全四七であるため、最少で一一種、最大で四七種の一書があったと考えられる。これらは異伝であって、本文の記述と異なるために掲載引用しているということで、編纂姿勢の正確さを示していると言えるだろう。

ここからわかることは、『日本書紀』の本文も含めて、アメノミナカヌシ神を最高神とする伝承は存在しないということである。『日本書紀』は国家事業であるから、異伝はすべて収集しているはずで、仮に『古事記』も異伝の一つであるとするなら、一書のうちのいずれかにアメノミナカヌシ神が最初に登場するものがあるはずで、それがないということは、『古事記』は異伝ではなく、まったく別に新規に編纂された本伝であるということであろう。つまり『日本書紀』の編纂チームは、『古事記』を最初から完全に除外していた（あるいは、除外させられていた）のであろう。しかもアメノミナカヌシ神が登場するのは、ただ一ヶ所のみで、なおかつ三番目であった。すなわちこれは、『古事記』

においてアメノミナカヌシ神が最高神として登場しているのは、編纂者による意図的な創作であるということになるだろう。つまり、編纂を命じた最高責任者である天武天皇の意向であろう。

天武天皇は『古事記』においてアメノミナカヌシ神を最高神とする必要があった（そうしたかった）のだ。『日本書紀』が示唆しているのは、アメノミナカヌシ神を、ほとんど誰も知らず、たった一つの異伝のみが知っていたものの、最高神とはしていなかったということである。しかし天武天皇は、それを『古事記』で最高神として記述させた。

ここに、アメノミナカヌシ神の秘密がある。それは、天武天皇の国家構想を解き明かす最大の手掛かりかもしれない。

なお、『日本書紀』は全三十巻と系図一巻によって構成されていたが、系図は失われている。一節によれば、桓武天皇が破棄させたという。

また、『古事記』は成立当初から宮中にとどめられており、いわば天皇家の私家版の扱いであったが、ようやく平安中期になって公表される。宮中に秘されたのには、これも桓武天皇の意向が強く働いたともされる。

▼第三の功績：三種の神器の制定

すなわち八咫鏡《やたのかがみ》、八《や》坂瓊曲玉《さかにのまがたま》、草薙剣《くさなぎのつるぎ》の制定である。それぞれの詳しい解説は拙著『三種の神器』でおこなっているのでここでは省くが、鏡は太陽（収穫）、曲玉は月（祭祀）、剣は武力（軍事）で、天武天皇が何をもって統治権ととらえていたか象徴的に表れている。原型は古代シナにあるが、この三種の構成は日本独自のものである。またすでにこの組み合わせは三〜四世紀頃より見られるわが国独自の巨大古墳である前方後円墳から多く出土しており、わが国の統治階層には早くから馴染みのあるものであったようだ。これを神話によって意味付けをおこない、制度化したのが天武天皇である。

▼第四の功績：践祚大嘗祭《せんそだいじょうさい》を始めとする宮中祭祀の制定

践祚大嘗祭は、新たに天皇として即位する時の一世一度の究極の祭祀である。これは道教の封禅《ほうぜん》に淵源を採り、天曹地府祭《てんちゆうちふさい》という名称で陰陽道家・安倍氏によっておこなわれるようになった。江戸末期までは大嘗祭と区別しておこなわれていたが、明治に入って融合して一体となった。思想的には神道と道教の合体であり、現在に至るまで皇室祭祀の頂点である。

また、前章で紹介したように、四方拝は陰陽道によって規定された祭祀であるが、天曹地府祭《てんちゆうちふさい》が天皇に即位する際の唯一度のみというのに対して、四方拝は毎年元旦早朝におこなわれるものであるから、天皇のマツリゴトのいわばその年の幕開けであり、基準であろう。しかもそれが、「北辰北斗の祭祀」であることは、海人族の祭祀が天孫族の最も奥深くへ浸透したことを示している。それは、天武天皇の志向していた構想がある意味で成就したという証しであろう。

▼第五の功績：伊勢神宮を頂点とする国家神道の確立

天武天皇は伊勢の神宮を国家神道の頂点に引き上げることによって、全国各地の祭祀を体系化し、鼓舞振興した。これは飛鳥以来渡来人も増えて、移入された多様な文化の中で、日本人の民族意識を神道に収斂させるためであるだろう。神宮を頂点とする「まつり」こそは日本民族の精神的支柱であって、国家の基本であるとした。

ここに「まつらう」という和語が生まれ、その変化として「まつろふ／麻都呂布（服ふ・順ふ）」、反語の「まつろはぬ／麻都呂波奴」という言葉となった。

すなわち、「まつろふ」は服従することで、「まつろはぬ」は不服従である。

これ以後、蝦夷を始めとする天皇の祭祀体系の外にある土俗の者たちを「まつろわぬ者」と呼ぶようになる。ちなみに、折口信夫は、まつらふは「マツルから」変化発生したとするが（『祭りの話』）、私は逆ではないかと考えている。つまり、「まつろふ」から「まつり」という呼称は生じたのではないかということだ。

なお天武天皇は、娘の大来皇女《おおくのひめみこ》を初代の斎王（後の斎宮）として伊勢に送っている。これによって、神道は完全に天皇によって掌握された。


遷宮という二十年に一度の建て替えの大祭を制定したのもこの時で、第一回は持統天皇の御代に実施された。しかし本当は、その第一回はその二十年前であって、瀧原宮から内宮への遷宮をもって嚆矢とするのではないかと私は考えている。なぜならば、瀧原宮から内宮に遷すための大義名分が必要であったゆえ、「式年遷宮」という大掛かりな儀式を発案したのではないだろうか。いつ、どのようにおこなうのか、を発令するためには組織も人材も資材も膨大に必要となる。そのための準備を踏まえた上で期日を決めなければならない。そしてひとたび期日を勅命したならば、その後の予定も同時に公表しなければならない。遷宮は二度とおこなわないのか、それとも何年後におこなうのか、おこなうならばそれは定期的になるのか否か。

ここに天武天皇の計画の一つが「式年遷宮」という形で結実することになる。二十年に一度必ず実施するためには、少なくともそれ以前の数年間は準備に取り組まなければならない。そして二十年という年月は、おおよそ一世代に当たる。これを国家儀礼として定め置くことによって、日々継続的に神道教化活動をおこなわせることとなり、遷宮の際にはあらためて神道を国家国民の信仰として印象づけることができることになる。それが天武天皇の政策であろう。

そしてこの時に、アマテラス神は日神（太陽神）になったのだと、私は推測している。それまでアマテラス神はヤマトの人々に信仰も崇拝もされてはおらず、氏神とする氏族も存在しない。しかし稲作を国家施策とする日本にとって、太陽崇拝こそは最もわかりやすい信仰対象である。天武天皇は、アメノミナカヌシ神（北極星崇拝）に続いて、アマテラス神（太陽崇拝）をここに打ち立てたのだ。

勅命によって始まったこのシステムは、まことに示唆に富んでいる。天武天皇によって開始された「再生《リフレッシュ》による永続」は、その後の日本文化の根元の思想になった。

▼第六の功績：陰陽寮および占星台《せんせいだい》を設置

陰陽道についてはすでに紹介したが、陰陽寮とはそれを実践する公的機関であって、後に安倍晴明が陰陽師として勤務することでよく知られている。風水術・天文術・暦術などの総称を陰陽五行の道、略して陰陽道《おんみょうどう》と、わが国では称するようになった。

占星台において天文を観測し、天変地異や政変を予測する。高松塚古墳やキトラ古墳の内部の天井に、北極星を中心とする星宿図《せいしゅくず》（古代の天文図）が描かれているところからも、天文観測による卜占が身近なものであったと推測される。占星術はもと西域の砂漠や草原地帯に起こったもので、戦国期にシナに入り、歳星や星座などが災異の観念と結合されることによって生み出された道教方術の一つである。（＊「陰陽道・陰陽寮」についての詳細は後述。）

▼第七の功績：宮都の選定および建設

わが国最初の本格的都城は藤原京《ふじわらきょう》であるが、これを選定・計画したのは天武天皇であった。天武天皇五（六七六）年にはその計画に着手し、天武十三（六八四）年の『日本書紀』には次のように記されている。

「二月の庚辰《かのえたつのひ》（二八日）
浄広肆《じょうこうし》広瀬王《ひろせのおおきみ》・小錦中《しょうきんちゅう》大伴連安麻呂《おおとものむらじやすまろ》、及び判官《まつりごとひと》・録事《ふびと》・陰陽師《おんようじ》・工匠等《たくみども》を畿内《うちつくに》に遣して、都つくるべき地《ところ》を視占《み》しめたまふ。
三月の条 辛卯《かのとのうのひ》（九日）
天皇、京師《みやこ》に巡行《ゆ》きたまひて、宮室之地《みやどころ》を定めたまふ。」

この時に、藤原京の地が定まった。

「天文遁甲《てんもんとんこう》」すなわち道教方術による相地法を身に着けていた陰陽師を派遣し、見立てている。宮都に相応しい土地を判別し、宮都を立案するための知識・技術が、わが国に初めて導入された時である。これ以前の宮都建設が漫然となされていたことからすれば、革命的な出来事であるだろう。

なお、決定の直前に、なぜか「信濃の地形」も視察させている。これについて『書紀』の執筆者は素直に「この地に都つくらむとするか」と感想を書いている。翌年の十月にはこの地に行宮《あんぐう》を設けているので、魅力を感じていたのは確かだろう。

そして藤原京以来、京都・東京に至るまでわが国のすべての宮都は陰陽道によって選定され設計されている。鎌倉、安土、山口、姫路、仙台などの城下町もすべて同様である。天武帝の付けた道筋の大きさがわかろうというものだ。

▼第八の功績：八色《やくさ》の姓《かばね》の制定

八色の姓とは、真人《まひと》、朝臣《あそん》、宿禰《すくね》、忌寸《いみき》、道師《みちのし》、臣《おみ》、連《むらじ》、稲置《いなき》の八種類であるが、その第一の「真人」には特別な意味がある。これは道教の用語で「天の神の命を受けた地上の支配者」を意味する。天武帝の和風諡号・天渟中原瀛真人天皇《あまのぬなはらおきのまひとすめらみこと》に「真人」の語がおくられたのは、天武帝が道家であったことの証明でもあるだろう。

なお、「瀛」は瀛洲《えいしゆう》山のことで、神仙思想《しんせんしそう》で蓬萊山、方壺山とともに「東海の三神山」とされたものである。つまりこの諡《おくりな》は「大海の真中にある瀛洲山に生まれた天命の支配者」という意味になる。

（＊「八色の姓」についての詳細は後述。）

▼第九の功績：飛鳥浄御原律令《あすかのきよみはらりつりよう》の制定

わが国初の体系立った法規の制定を勅命した。

本格的な律令制の端緒・基礎となるものであるが、生前には発布されず、令のみが持統天皇三（六八九）年に発布された。天皇号は天武の生前に制定されたが、本令に初めて明文化された。また、戸籍、班田収授《はんでんしゆうじゆ》の法など、律令制の骨格がここにおいてつくられた。天武天皇の目指した律令体系は、最終的には大宝元（七〇一）年の『大宝律令』によって完成される。

天武天皇のこれらの業績は、単なる知識学識のレベルをはるかに凌駕するものだ。道教理論についての造詣はもちろん、神道呪術にも深く通暁しており、その融合を図るという方法論に裏付けられている。しかも政治・宗教・文化・法規等の全てを包含する総合的な思想体系にまで昇華されており、これらはその後の日本国家の基軸を決定付けた。日本国の国体のデザインは、天武天皇によると言って過言ではない。この事実が示すのは、私たちの認識している「日本国家」「日本文化」というもののコンセプトは、天武天皇によって陰陽道に基づいて創られたものであるということだ。

天武帝が目指したもの

以上、ここに列挙したこれらの新たな政策は、いずれもそれまでに誰も手を着けなかったまったく新規かつ画期的なもので、概観することで見えてくるのは、すでにかなり前から構想されていたものであろうということである。これだけの事業構想は一朝一夕になるようなものでないのは当然であるが、それを実現するためにはいずれもしかるべき準備が要る。最も重要なのは、これらを実現するための人材であり、組織である。概観してわかるように、天武天皇によってこの国は一変したのだ。これは後々の建武の新政どころの話ではない。国を根幹から変える大々的な構想・計画である。第一の功績で述べたように、即位した翌年に耽羅《たむら》の朝貢使に対して「新たに建国をおこなった」と、明確に詔《みことのり》している。このことからも、天武天皇の意志は明らかである。

まったく新しい国家コンセプト。つまり、この時、この国は新規に建国し直すスタートラインにいた。ただ、このうちのいくつかは未完未達成であって、結果的に〝野望〟にとどまるものもあったが、天武帝が存命であれば、またはその思い、壮大かつ緻密な計画を引き継げる者が存在していれば、野望にとどまることはなかったはずである。

しかし、国家神道の基礎はこの時にほぼ完成されている。すなわち素朴かつ原始的な神道信仰から、いわば進化した信仰へ。言語矛盾になるが、科学的信仰。古来の神道を科学しようともしていたことは、儀式の整備や、全国的な神社の体系化、遷宮システムの考案等々、天武天皇による新たな試みは惟神道《かんながらのみち》を神道へと一変させ、「国家によって管理される信仰」となった。

九つの功績のすべてに道教・陰陽道が深く関係しているのは明白であるが、その理由は実は国家として公式に表明されている。そもそも『日本書紀』編纂には、天武天皇を賞賛する目的があった。天武天皇の巻が最終巻の前であるのは、その治世がそれまでのすべての歴史の最終到達点であることを示すものであるし、国史の編纂者が常にそうであるように、その編纂を命じた治世者がその時点で「最後の勝利者」であることを意味するものだ。

極論すれば、歴代の治世については評価も批判もいかようにでもできるように、自らの治世については美化することが可能である。これが仮に近代ならば、国史は公表されて、その評価も受けなければならない。しかし千数百年前の当時においては印刷技術もなく、少数の写本のみであって、限られた人たちの目にしか触れることはない。公平な評価は後世にまかされることになる。

そのような位置付けの『日本書紀』の、天武天皇の巻の、しかも巻頭にこう書かれている。わずかな字数であるし、誤解のないように原文の書き下しと訳文を示しておこう。

「天渟中原瀛真人天皇《あまのぬなはらおきのまひとすめらみこと》は、天命開別天皇《あめみことひらかすわけのすめらみこと》の同母弟《いろと》なり。幼《わか》くましましときは大海人皇子《おおしあまのみこ》と曰《もう》す。生《あ》れましましより岐嶷《いこよか》の姿《みすがた》有り。壮《おとな》に及びて雄抜《おお》しく神武《たけ》し。天文遁甲《てんもんとんこう》に能《よ》し。」

文字通り『日本書紀』の同項、最初の最初である。現代語訳では以下。

「天武天皇は天智天皇の同母弟である。若いときは大海人皇子といった。生まれたときから、立派なお姿であった。成人ののちは、男らしく武勇にすぐれ、天文遁甲の才能があった。」
（＊原文は漢文であり、書き下し、および現代語訳は筆者による。）

天武天皇は、舒明《じょめい》天皇の第二皇子で、母は宝皇女《たからのひめみこ》（皇極《こうぎょく》天皇）、天智《てんじ》天皇の同母弟である。

天智天皇は治世十年の六七一年十月、病に倒れる。まもなく重態となり、弟の大海人皇子に践祚を促したが、大海人皇子はこれを固辞し、即日剃髪して吉野へ去った。

大海人皇子のこの行動は、天智天皇が息子の大友皇子に皇位を譲りたいというかねてよりの本音に忖度《そんたく》してのものとされるが、もし就位の意志を示したならば、即座に殺害されたのではないかとの説もあって、それを予測しての行動であったのではないかともされている。というのも、大海人皇子は早くから天智天皇によって皇太弟（皇位継承者）に任じられていたので、あらためて確認の必要はなく、今上帝の崩御にともなって、自動的に即位することになっている（空位期間は原則的にあってはならないため）。すなわち、息子の大友皇子に皇位を譲りたいのであれば、大海人皇子の存在そのものが大きな障害になる。

翌六七二年一月七日、天智天皇は近江大津宮で崩御。（＊山中にて行方不明になったとの異説あり。／『扶桑略記』）

同年六月二十四日（天武天皇元年）、大海人皇子はわずかな手勢とともに吉野を出立した。しかし都のある北へは向かわず、熊野を経て、伊勢、伊賀から美濃へと進みながら、地元の豪族たちに協力を求める。その前後の記録が『日本書紀』に記されている。

「夜《よ》半《わ》に及《いた》りて隠郡《なばりのこほり》にいたりて、隠《なばり》の駅家《うまや》を焚《や》く。因《よ》りて邑《むら》の中に唱《よば》ひて曰《いわ》く。

天皇《すめらみこと》、東国《あづまのくに》に入らむ、故《かれ》、人夫《おほみたから》諸《もろもろ》参《まい》り赴《こ》む。

然《しか》るに一人も来肯《きか》へず。

まさに横河に及《いた》らむとするに黒雲有り。広さ十餘丈にして天に経《わた》れり。

時に、天皇、これに異びたまふ。

則《すなは》ち燭《ひ》を擧《ささ》げて親《みづか》ら式《ちく》を乗《と》りて、占《うらな》ひて曰《のたま》はく。

天下《あめのした》、両《ふた》つに分《わか》れむの祥《さち》なり。然《しか》れども朕《われ》、遂《つい》に天下を得むか。」


以下、口語訳。


「大海人皇子一行は、夜更けに名張へ入り、駅家《うまや》を焼き、出兵を促したが、一人も集まらなかった。

横河にさしかかった時に、天を覆うほどの黒雲が発生した。

皇子はこれを怪しんで、燭を灯して、みずから式（ちく、ちょく）を取り、占って申された。

天下が二分される兆しである。しかしながら、最終的にはわたしが天下を得るだろう。」


この直後から、各地の豪族や身内の率いる軍勢が大海人皇子軍に陸続と合流し、大友軍を次々に撃破して進軍、近江と大和を同時に攻撃するとともに、全国各地で優勢に戦闘を展開し、わずか一ヶ月で近江朝廷の大友皇子を自死へと追い込んだ。これを壬申《じんしん》の乱という。国を二分する闘いで、古代日本における最大級の内乱である。

そして大海人皇子は、飛鳥浄御原宮《あすかのきよみはらのみや》で即位した。本格的な律令国家の確立に向けて、行政機構・官僚機構の整備を徹底的におこない、国家の体制を根底から改革した。右に紹介した「九つの偉大な業績」は、その過程の中で為されたものである。いずれも短時間で構想できるものではなく、相当な調査や準備が求められるもので、すでにかなり前から大海人皇子は新しい国家というものの在り方を突き詰めていたのであろう。

なお、『日本書紀』に明記されたこの決起のくだりで、注目すべきは大海人皇子が「天意」を伺う場面である。燭を灯し、「式」なるものを手に取って、占ったとある。

『日本書紀』に唯一度登場した「式」とは、本来は「栻」という文字を用いて「ちく」「ちょく」等と発音する占術の器具で、道教・陰陽道で古くから使われている「栻盤《ちょくばん》」のことである。風水羅盤の原型で、写真はその復元である。中央の円形部は「天盤」といって回転するようになっており、四角形の台座は「地盤」といって十干十二支や方位、四神などが刻印されており、道教の根本思想である「天円地方」つまり「天は円く、地は角なり」という宇宙観に基づいて造形されている。そして天円の真ん中には、ご覧のように北斗七星が刻印されている。宇宙は北斗七星を中心に回転しており（北辰の概念と混淆している）、そのもとに世界は存在しているという構図であろう。道教・陰陽道では、方士・陰陽師はこの器具で天意を訊ね、吉兆禍福を占う。

　決起した大海人皇子が、横河《よかわ》においてこれを用い、天意によって勝利を確信したという、その瞬間がここに記されている。招集しても一兵も集まらなかった状況が、この時を境に一変し、壬申の大乱は一気に大海人軍の勝利に向かう。式占《ちょくせん》は、その象徴である。

六壬式盤《りくじんちょくばん》（復元。インターネット「Bai du 百科」より）

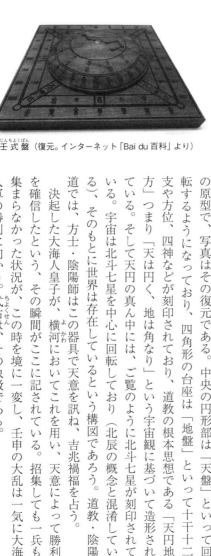

ところで、天武王朝のそもそもの出発点となった壬申の乱について、「反乱」であるとの見方があり、これが以後多くの論争を呼んでいる。わが国古代における最大の内乱であり、ほぼ国を二分する戦いで、時の朝廷側が完全敗北するというドラスティックなものであった。朝廷側のトップである大友皇子が自決して、戦闘そのものは最終決着した。しかし問題は、天智天皇の崩御から約半年間、皇位は空位であったのだが、皇太子・大友皇子が即位していた可能性があるとされたことだ。もし即位していれば、大海人皇子は時の天皇に対する反逆者であり、壬申の乱によって天皇を弑《しい》し、皇位を簒奪《さんだつ》したことになるわけである。

この論争は江戸時代においてとくに盛んになったが、明治政府は時の学説の趨勢《すうせい》に従って即位説を採り、弘文《こうぶん》天皇と追号した。現在では大友皇子は即位していなかったことがほぼ定説となっているが、追号を撤回できないまま今に至っている。もし撤回すると、それ以降、今上陛下に至るまでの代数が変わってしまうためともされる。また、追号には明治天皇の勅許があったため、撤回は不遜ともされたようだ。

しかし、撤回しなければ、天武天皇を「簒奪者」呼ばわりすることになる。私は英断をもって撤回すべきと考えている。

壬申の乱は、飛鳥時代に頻発した皇位継承紛争の一つにすぎないのだが、乱の規模の大きさや、その後の天武治世の歴史的意義の重要さから、必要以上に論議されていると言えるだろう。

ここで、天武が「皇位の簒奪者」であるという主張の中で、本書のテーマに関わっているものに対しては反論しておかなければならない。草薙剣が天武に祟った、という『日本書紀』の記録によって。三種の神器の一つが「祟った」のだから、天武天皇は正当な皇位継承者ではないという意味であるとするのが、これまでの多くの論の主旨である。しかし、この論理は明らかに自己矛盾を来している。まず第一に、『日本書紀』は天武天皇の勅命によって編纂されたもので、天武政権の正当化が最大の目的の一つであるはずだからである。他のすべての天皇は一巻、もしくはそれ以下の分量でしかないのに、ひとり天武天皇のみは二巻を費やしてその偉業を詳細に伝えている。その最後のくだりに記されている「祟り」のエピソードが、それまでの記述を根底から覆すような意味のものであるはずがないではないか。これは、逆に「正当」であることの「駄目押し」でなければならない。つまりこの記事が示唆することは、この時の剣は天皇に祟るものである、したがってこの剣を依り代とする神は天皇家に祟りなす神である、ということを主張しているという意味になるだろう。

第二に、三種の神器を制定したのは天武天皇自身である。しかも、践祚大嘗祭《せんそだいじょうさい》を制定したのも天武帝である。したがって、天武天皇自身が、宝剣の意義を誰よりも熟知していたはずである。

この二つの理由だけでも、宝剣の祟りには別の意味があったことは容易に推測できる。もしも宝剣の祟りが天武帝の正当性を糺すものであるならば、『日本書紀』に記されるはずもない。この事実は、巷の邪推を覆すもので、むしろ逆であることを示唆している。つまり、天武帝の血統の正当なるがゆえに、それに祟る宝剣の正体を示唆しているだろう。宝剣は、天皇家に祟りなす怨念の依り代である。『日本書紀』には、そう記されているのだ。（＊草薙剣およびこの宝剣の正体についての詳細は拙著『三種の神器』を参照されたい。）

ついでながら天智と天武（中大兄皇子と大海人皇子）は、本当の兄弟ではなかったというまことしやかな論説が跋扈していることについても触れておこう。

ここで、もう一度『日本書紀』天武記の巻頭第一行を確認する。

「天渟中原瀛真人天皇《あまのぬなはらおきのまひとすめらみこと》は、天命開別天皇《あめみことひらかすわけのすめらみこと》の同母弟《いろと》なり。」

文字通り最初の最初である。「天武天皇は天智天皇の同母弟である。」と明記されている。これをもって「父が違う」という説、つまり皇極天皇（母）の連れ子であって、舒明天皇（父）の実子ではない、という説である。これに対して天智は父母ともに正当で、天武は天皇家のＹ染色体を受け継いでいない、という。しかし、そんなことがどこに示されているというのだろう。

古代においては兄弟間での皇位継承は普通であったから、他にも「同母弟《いろと》なり」と紹介される天皇は珍しくない。そう記されていれば、父は天皇であるのは当然として、母も同じであった、という意味である。異母兄弟が当たり前の時代に、わざわざ父母ともに同じであると明言しているのだ。この表現に疑う余地はない。天武帝のみこれをもって邪推されるのはいかがなものか。兄弟や叔父甥の間での血腥《ちなまぐさ》い権力争闘も日本史上珍しくないのだ。光仁・桓武以後、天智系が今に続くが、それゆえの意図的なデマゴギーとしか私には思えない。

他にも根拠はある。大友皇子の生母が、身分の低い伊賀采女であったことで、天智が彼を皇太子となすにも幾多の抵抗があったと『日本書紀』その他は記している。とくに書紀は、大友の即位のための重要な資格として生母の身分を挙げているので、もし天武の出自に問題があるならば、この論理は両刃の剣としてそのまま天武を傷付けることになる。現に同じ書紀の中で、光明皇后の立后について問題があったことが指摘されている。皇后は藤原不比等の三女であり、皇族の出自ではない。反対意見が大勢であったが、時の最高権力者であった不比等はこれを押し切った。これが皇族以外からは初めての立后である。

書紀が編纂された頃は、まだ同時代人が多く生きており、記憶も生々しい。なにしろ書記の編纂者である舎人《とねり》親王その人が天武の息子であるくらいだから、むしろ宮廷をはじめとする中枢のほとんどの人が周知しているはずである。それを無視することができるとは到底考えられない。むしろ、天武の血統が正しいからこそ、大友の血筋を指摘しているのだと考えるべきだろう。すなわち天武天皇に血統上の問題はない。

諱《いみな》と海部《あまべ》

ちなみに、「天武」という謚号《しごう》には、壬申の乱で勝利した結果天皇となった、つまり武力によって皇位に就いたという意味合いがあるかのようで、崩御の後に周囲の評価を象徴しているかのように考えられがちである。しかし「天武」という漢風謚号に惑わされないように読者の注意を喚起しておきたい。神武《じんむ》天皇から元正《げんしょう》天皇までの全天皇（弘文天皇と文武《もんむ》天皇を除く）の漢風謚号は、淡海三船《おうみのみふね》（七二二～七八五）が一括撰進したものである（『続日本紀』）。すでに定着している呼び名であるため私も便宜的に用いているが、この名から何事かを類推するのは危険である。淡海三船は大学頭であり文章《もんじょう》博士であって、当時最高の知識人であったことは疑うべくもない。漢籍に通じて、現存最古の漢詩集『懐風藻《かいふうそう》』の選者ともされる人物である。しかし天智天皇の直系、大友皇子の曾孫である。当然ながら、「天智」の謚号も彼の手になるものであり、この撰進作業に淡海三船の思いが反映されないはずがない。直系の先祖に「智」を、曾祖父の仇に「武」を諡《おく》ったのは、はたしていかなる意味があったのか。むしろ、この視点からの考究は今後も課題であり続けるだろう。

天武天皇の諡《おくりな》として評価が正当なのは、和風謚号の「天渟中原瀛真人天皇《あまのぬなはらおきのまひとすめらみこと》」である（この諡には皇后の鸕野讃良《うののさらら》（第四十一代・持統天皇）の意向が反映しているだろうとは既に述べた）。諱《いみな》の「大海人《おおしあま》」は皇子として一貫して名乗っている。意味を探るのであれば、ここから出発しなければならない。

天武帝が大海人皇子《おおしあまのみこ》と呼ばれていたのは、幼少期に凡海氏《おおしあま》に養育されたゆえである。

当時は親王が幼少期の養育者・乳母などの氏にちなんだ名で呼ばれるのは慣例になっていた。たとえば大友皇子《おおとものみこ》は大友氏が養育係であったことに依っており、高市皇子《たけちのみこ》は高市郡の渡来系氏族のなかで養育されたことに依っている。また鸕野讃良皇女《うののさららのひめみこ》は、娑羅羅馬飼造《さららのうまかいのみやつこ》に養育されている。

大海人皇子は、尾張氏のもとで養育されたことから、当時の海部《あまべ》一族の伴造《とものみやつこ》（首長）であった凡《おおし》海《あま》を名乗ったものであろう。文字を代えたのは「大《おおし》」が吉字であることにも依るだろうが、改名せずに済むようにとの配慮もあったのではないか。もし仮に凡海皇子と名乗った場合には、親王の名に遠慮して、凡海氏は氏族名を変えなければならない。たとえば桓武天皇の皇子に大伴《おおとも》親王の名が付けられたときには、大伴氏は「大」の字を外して、以後単に「伴」とのみ名乗っている。

凡海氏は、尾張氏などと同族の海部《あまべ》一族であり、尾張の豪族たちが、壬申の乱では大海人軍の主力部隊となって近江朝廷軍を撃ち破り、この戦闘が大海人軍に最終的な大勝利をもたらすことになったのはよく知られている。養育担当の氏族と親王の関係がどの程度のものであったのか、それを推測させる記事が『日本書紀』に見える。

天武天皇の崩御は朱鳥元年（六八六）九月九日であった。同月十一日には殯宮《もがりのみや》が建てられ、二十四日殯《もがり》を始める。二十七日に初めての奠《みけ》（供え物）を奉り、誄《しのびごと》を述べた。この後、実に二年三ヶ月にわたって殯がおこなわれるのであるが、その第一番手の誄を述べたのが大海宿禰麁蒲《おおしあまのすくねあらかま》（＊『日本書紀』表記のまま）である。内容は天皇の幼少期の思い出と記されている。

この一事をもって、凡海氏がいかに天武天皇と深い関わりがあったか、おそらく身内に近いものであったろうことは容易に推測できる。二年三ヶ月にも及ぶ殯の、筆頭に誄をおこなうのは「特別な立場」であることを公に示している。天皇の生前から誰もが認めるほどの深い関わりがあったに違いない。「アマ（海・天）」は、天武天皇を理解する上での重要なキーワードである。

その海部一族とは何者か。これまで私の著書においては繰り返し述べているので、以下にはその要約を紹介しておく。

海部氏は、その名の通り元々は「海の仕事に携わる人々」で、漁業および操船航海術によって朝廷に仕えた品部《しなべ》の一つだ。記紀の応神朝に「海部を定めた」とあるところから、対朝鮮半島の水軍兵力として、とくに海人を組織することが求められたからと思われる。

全国各地の海部を朝廷の下で伴造《とものみやつこ》として統率する役割を果たしたのは、同族の阿曇連《あづみのむらじ》や凡海連《おおしあまのむらじ》であった。「あづみ」は「あまつみ」の転訛で、本来は「海人津見《あまつみ》」であろう。阿曇連や凡海連も、渡来系の氏族であるが、いってみれば海人族とは海洋民族のことであって、基本的に陸地民族とは異なる規範を持っている。とくに古代においては、陸上の道よりも海上の道のほうがはるかに利便性が高く、これを特権的に利用活用する海洋民族は、地理観や規模観もよりダイナミックで、ある種の国際性を先天的に身に着けている。陸がつながっていなくとも、海がつながっていれば一つの経済圏であるというのは、一種のコスモポリタニズムであるだろう。ある時期、海人族は世界各地に雄飛するが、陸地の政権との軋轢から分断と定着を余儀なくされる。日本においても同様で、「アマ」の音に因む地名が全国の沿岸地域に数多く残っているのはその名残である。こうして海人族が、古代から日本文化に深く関わっていたのは間違いない。

なかでも品部の呼び名がそのまま氏の名となっている海部氏は、文化史の上でもよく知られている。先に述べた丹後の籠神社《このじんじゃ》は、海部氏が代々宮司を務めるものだが、『籠名神宮祝部氏系図《こみょうじんぐうはふりべうじけいず》』（通称「本系図」）、『籠名神宮祝部丹波国造　海部直等氏之本記《こみょうじんぐうはふりべたんばくにのみやつこあまべあたいとううじのほんぎ》』（通称「勘注系図」）という家系図がある。「本系図」は、平安時代初期（貞観年間）の書写で、現存する家系図では最古のものであり、「勘注系図」とともに国宝に指定されている。

海部氏の祖神は天火明命《アメノホアカリノミコト》（彦火明命《ヒコホアカリノミコト》）であり（『日本書紀』）、丹後・籠神社の祭神である。海部氏は、古代よりその丹後一帯を支配域とする海人族であるとされるが、同祖同族は長い間に広く各地に勢力を得た。なかでも籠神社の海部氏は、丹後国の国造であるからこそ宮司家でもあった。尾張氏も尾張の国造となり、熱田神宮の大宮司家を代々務める。また津守《つもり》氏もその地の有力者であり、住吉大社の代々の宮司家であった。その地の最大の有力氏族が祭祀家でもあるというのは、早くも古代には定着していたので、海人族が各地で実力者として定着したことがよくわかる。大海人皇子は、この海人族のバックアップがあったのだ。

「勘注系図」に海部氏の祖神の由来について記述がある。祖神・天火明命《アメノホアカリノミコト》（彦火明命《ヒコホアカリノミコト》）は、そもそもは籠神社の「海の奥宮」といわれる冠島《かんむりじま》に降臨したというのである。冠島は、京都府宮津市の沖合約十キロメートルにある島（住所は舞鶴市）で、オオミズナギドリの繁殖地として島全体が国の天然記念物に指定されていることで有名だ。周囲を切り立った絶壁に囲まれていて、通常では立ち入ることができない。大島、雄島と呼称されることもある。

そしてこの島は、「勘注系図」には、「凡海嶋《おおしあまのしま》」「凡海息津嶋《おおしあまのおきつしま》」と記されているのだ。この事実を、大海人皇子は早くから知っていたはずである。「おおしあま」という自身の名前にゆかりの島に、天火明命（彦火明命・天照国照彦天火明《アマテルクニテルヒコアメノホアカリ》　櫛玉饒速日尊《クシタマニギハヤヒノミコト》）は降臨した。

しかも、十種神宝《とくさのかんだから》の筆頭である瀛都鏡《おきつかがみ》（瀛津鏡・息津鏡）の名の由来も、どうやらその島にあるようだ。「瀛《おき》」の字は、和風諡号の「天渟中原瀛真人天皇《あまのぬなはらおきのまひとすめらみこと》」にも使われているが、道教の「瀛州山《えいしゅうざん》」に因むことは明らかだ。瀛洲山・蓬萊山《ほうらいさん》・方壺《ほうこ》山《さん》を神仙思想では「東海の三神山」としていることはすでに述べた。

天武天皇は、即位してから国家祭祀を整備して確立するという大事業に取り組んだ。すなわち三種の神器を定め、宮中祭祀を確立し、伊勢の内宮外宮の祭祀を再整備し、また記紀の神話編を再編成したのである。

飛鳥を拓いた渡来氏族・東漢氏《やまとのあや》

大海人皇子が吉野を脱出して早々に「式盤《ちょくばん》」による戦況の見立てをおこなったと既述したが、この式盤こそは陰陽師の用いる道具の第一で、大海人皇子がこの時携行していたのは象徴的である。吉野脱出は少人数による苦難の旅路で、当然のことに軽装であったが、新天皇として威厳を保つために必要な道具立てを忘れるわけにはいかない。装束や刀剣などに加えて、陰陽道関連の器具は必需品であったのだろう。見立て自体は、自軍の戦意を鼓舞するためのデモンストレーションの意味合いが強かったと思われるが、なにはともあれ、その効果は絶大であったようだ。軍勢の意気は大いに昂揚し、この瞬間から大海人皇子は神懸かりとなり、自ら「天皇《てんのう》」を宣言する。

このエピソードからもわかるのは、大海人皇子がすでに早くから「天文遁甲を能くする」ことは人々に知られており、それを知悉していればこそ活用したということであるだろう。もしも周知されていなければ、他の方法を採るはずで、承知していればこそ、この方法に戦運を賭けたのだと思われる。大海人皇子は、この「渡来の知識」をどこで誰から学んだのか、明確な記録は見当たらない。ただ、はっきりしているのは、当時この知識を持っていて、しかも活用していたのは一部の渡来系氏族に限られていたということだ。

とすれば、飛鳥という地縁からも、また凡海氏との関連からも、東漢《やまとのあや》氏一族から学んだと見るのが妥当だろう。

東漢《やまとのあや》氏は、三～五世紀末に日本へ渡来した氏族集団で、後漢・霊帝の三世孫・阿知使主《あちのおみ》を氏祖とする（記紀）。最先端の高度な知識・技術を持ち、漢土の戦乱を逃れて高句麗に移り、かの地でもその技能によって重用されたが、日本の聖王に仕えるべく渡来したのだという（『続日本紀』他）。

東漢氏は「倭漢氏」とも表記された。元は単に「漢氏」と書いたが、河内を本拠とする漢氏と区別するために、河内は西漢氏《かわちのあやし》、飛鳥は東漢氏《やまとのあやし》となった。その子孫は坂上《さかのうえ》氏、平田氏、内蔵氏、大蔵氏、文氏、調氏、文部氏、谷氏、民氏、佐太氏などを名乗る。それ以前に渡来していた新羅系の秦《はた》氏（秦始皇帝の裔を称す）は土豪として定着したのに対して、漢氏は官人として活躍し、政務《まつりごと》に深く関与した。

東漢氏が専門としたのは、工芸全般から、製鉄技術・土木技術・建築技術・数理算術・立法・語学文筆・武術・兵法など、その知識・技能は多岐にわたり、歴代の朝廷や、蘇我氏などに重用され、勢力を広げることになる。品部の源流とされ、古代部民制の契機となった渡来氏族である。

渡来の海人族であるところから、基本姿勢はコスモポリタンであり、その結果天皇皇族の暗殺や政争の際の謀略などに関わることが多かったようだ。武人も多く輩出し、後年には坂上田村麻呂が征夷大将軍に任命される。飛鳥を中心とする大和高市郡が本拠地である。

たまたま私の古くからの知人に東漢氏系の人も、また秦氏系の人もいるので、あらためて尋ねてみたことがあるのだが、現代においてもその意識の持ち様は独特のものであった。東漢氏は、一族から歴史に名を残す人物を輩出したこともあって、日本の支配階層としての自負があるようで、「日本の文化や歴史に貢献した」という意識があって、そのあたりも王族系氏族としての矜持が感じられた。片や秦氏はある意味謙虚であった。農業と工業に特化したこともあって、各地で地域に根付き、その土豪たちと融合した。「一族には鉱工業や工芸にたずさわる者が多かったけれども、それは日本の里山において育まれたもの」というほどに、血縁の垣根を取り払って浸透した。

なお両氏に共通するのは、渡来人という意識はもはや希薄であるという点である。渡来してから千数百年も経つのだから当たり前といえば当たり前で、それだけの歳月は永遠の如き長大さで、民族的に一体となるのに不足はないだろう。

乙巳《いっし》の変と東漢氏

中大兄と大海人は、協力して新たな国家を築き上げようという志において互いに悖《もと》るものではなかった。大化改新に至る乙巳《いっし》の変は、母・天皇の御前での壮挙であった。中大兄皇子は、側近政治を排し、まったく新たな政権を樹立して、唐に劣らぬ先進国を築こうとしたのである。

この頃、東漢氏は蘇我氏に重用されていた。蘇我氏が強大な権力を獲得したのも、ひとえに東漢氏の技能を活用したことによるとされる。乙巳の変で蘇我入鹿が暗殺されたが、その直後、漢直《あやのあたい》（東漢氏のこと）一族はただちに蘇我邸へ駆けつけて味方をしようとしたことはよく知られている。しかしこの時、中大兄皇子の使者である巨勢徳陀《こせのとくだ》に説得されて立ち去り、これを機に蘇我氏の軍勢は四散。翌日、蘇我蝦夷は自邸に火を放って自害した。

この時、漢直一族は武力をもって蘇我氏に仕えていたとされる。一種の「外人部隊」であり「傭兵」であったようだ。用兵術に優れ、武器も最新のものを常に装備し、精鋭部隊であったようだが、蘇我氏に対して忠節をもって仕えているわけではなく、あくまでも傭兵である。そのことを中大兄皇子も承知していて、説得させたものであるだろう。しかも蝦夷にとっては漢直軍がどうやら命綱であったようで、あれほどに栄華を恣《ほしいまま》にした蘇我本宗家が、渡来人の傭兵に見限られただけで絶望してしまうとは驚きである。

その後、大海人皇子が東漢氏一族を掌握することになる。皇子は蘇我氏とは異なり、東漢氏によって養育されていたので、精神的なつながりが強く、東漢氏は皇子のいわば潜在力となった。

即位した天智天皇（中大兄）は、こうした背景を持つ大海人皇子の力を恐れて、次の天皇とすることを約し、みずからの娘（皇女）を四人までも嫁がせて籠絡を図る（大田皇女、鸕野讃良皇女、新田部皇女、大江皇女）。

しかし天智天皇は、実子の大友に譲位したいのが本心であったようで、常にその葛藤があったとされている。

ところで東漢氏については、まことに奇妙な記録がある。『日本書紀』天武天皇六年、東漢直《やまとのあやのあたい》らに「七つの罪の詔勅《しょうちょく》」が発せられている。

汝《いまし》らが党族《やから》、本《もと》より七つの不可《あしきこと》を犯せり。是を以て、小墾田《おはりだ》の御世より、近江の朝《みかど》に至るまでに、常に汝《いまし》らを謀《はか》るを以て事《わざ》とす。今朕《わ》が世に当りて、汝らの不可《あ》しき状《かたち》を将責《せ》めて、犯《おか》しの随《まま》に罪すべし。然れども頓《ひたぶる》に漢直《あやのあたい》の氏を絶《たや》さまく欲せず。故《かれ》、大きなる恩《めぐみ》を降《くだ》して原《ゆる》したまふ。今より以後《のち》、若し犯す者あらば、必ず赦さざる例《かぎり》に入れむ。

天武天皇は、この詔勅で「推古《すいこ》天皇の時代から、天智天皇の時代に至るまで、常に警戒してきた」と述べている。また「七つの罪」と言いながら、その内容には一切触れず、しかもすべて許しており、一切の罰を与えない。なんとも奇妙な文脈で、何を目的としているのかきわめてわかりにくい。これを公に発表することに、はたしてどのような意味があったのか。

考えられるのは、これは一種の「身分保証」であって、許す代わりに天皇に忠節を誓え、ということではないだろうか。

壬申の乱で、近江朝廷を裏切って大海人側につき、勝利に貢献したが、おそらくは東漢氏に対して朝廷内にも、あるいは豪族達にも根強い不信感があったのではないか。かつて乙巳の変においても、蘇我氏を裏切って戦うことをしなかった。渡来人であるから、誰か特定の主に忠節を尽くさなくとも当然のことなのだが、日本人の感覚では割り切れないものがあったのだろう。「七つの罪」とは、そういった裏切りや、寝返りや、不忠義、暗殺への関与などであったのではないか。実際に「七つ」であったかどうかはどうでもよくて、「七」の数字にすべてを象徴させることに意味があったのであろう。そこで天武帝は、詔勅により政治的「禊《みそぎ》」「祓《はら》い」をおこなったのではないだろうか。

天武帝が東漢氏と密接であったという直接的な記録はないのだが、傍証はある。たとえば天武帝の第一皇子（長男）高市皇子《たけちのみこ》は、高市郡《たかいちぐん》で養育されたことにちなんでその名が付けられている。当時高市郡は東漢氏が人口の九割近くを占めていたとされる。このことは、天武帝と東漢氏との間に深いつながりと信頼関係があったことを推測させるものだ。

直截な記録は意図的に排除されているに違いないが、このように消すことのできない痕跡はある。消されたゆえに、天武帝の神仙思想・陰陽道の知識や技能がどこから誰によってもたらされたものかまったく不明になってしまったが、これらも大きな手掛かりになっているだろう。

そもそも天武天皇自身が渡来系氏族の凡海氏に養育されたこともあって、帰化人への親近感は強かったと思われる。しかも新たな国造りをおこなうために、欠くことのできない人材でもある。そこで、詔勅によって公式に罪を責め、しかし同時に大赦することによって、以後天皇に奉仕するための大義名分を与える。それが狙いであったのではないか。後々、平安時代に入ってからは急速に帰化人としての特性は希薄化し、貴族化していったが、この詔勅が大きな転換点になっているように思われる。


ところで飛鳥という土地は、日本人の心のふるさととよく言われるが、実は東漢氏のふるさとである。かつて辺境の陋地にすぎなかった飛鳥を選んで入植し、ここを一大城塞都市となしたのは、この渡来の知識集団である。ここを拠点に巨大古墳の築造に貢献し、また大和政権のすべての宮都建設にもおおいに寄与した。彼らの技能なくしては、飛鳥・奈良の都は成立しなかっただろう。

なお、東漢氏については「遅れて来た天孫族」という見方もあって、もしもっと早い時期に渡来していたなら、彼らが造ったものは新たな国家であったかもしれない。

神格化された天皇

これまで天武天皇の思想的確立の背景を見てきたが、それでは確立した結果はいかなるものであったか。それこそは「現御神《あきつみかみ》（現人神《あらひとがみ》）」という観念の創造、概念の獲得である。この観念・概念は、道教にも儒教にも仏教にもないもので、天武天皇は物理的な統治のシステムを造り上げるのと同時に、世界史上きわめて稀有な精神的統治システムも創造した。これによって、天武天皇の存在は不可侵のものとなった。後々、明治維新の際に復古神道として思想的原動力となるものが、この時に生み出されている。

柿本人麻呂《かきのもとのひとまろ》や大伴家持《おおとものやかもち》の歌は、それを広報し告知するものだ。

皇《おおきみ》は　神にしませば　天雲《あまぐも》の　雷《いかづち》の上に　廬《いおり》せるかも　　柿本人麻呂（巻三の二三五）

皇《おおきみ》は　神にしませば　赤駒の　腹ばふ田為《たい》を　京師《みやこ》となしつ　　大伴家持（巻一九の四二六〇）

大王《おおきみ》は　神にしませば　水鳥の　すだく水沼《みぬま》を　皇都《みやこ》となしつ　　作者未詳（巻一九の四二六一）

（澤瀉久孝『新校萬葉集』より　書き下し、ルビは筆者）

ここに詠まれている皇《おおきみ》は天武天皇のことである。同時代の人々は、今上帝の名を口にすることはけしてない。歌の内容についてはとくに解説の必要もないと思うが、「天皇は神であるから」という最高度の献辞語が登場したのは、これが始まりである。

すなわち天武は、生きながらにして神になった。「現御神《あきつみかみ》」である。この基本概念のもとに、全体の構図・構想も組み立てられた。天皇号がアメノミナカヌシ神の別名である天皇大帝から採ったものであることはすでに述べたが、ここにおいて、天皇はアメノミナカヌシ神と一体になった。

皇后の鸕野讃良《うののさらら》は天武帝の後を継いで、第四十一代・持統天皇となるが、この際にアマテラスが天孫降臨神話の論理に組み込まれることになったという説もある。「日の神」アマテラスは持統天皇を体現し、持統の孫である軽皇子《かるのみこ》（文武天皇）への譲位を思想的に保証するためである。同説を踏襲すると、「皇祖」とは、持統天皇のことになる。夫の天武がアメノミナカヌシすなわち天帝であり、妻の持統が天帝の后という位置付けとなる。

この後、天武朝において女性天皇が輩出する。歴代女性天皇八人十代のうち、四人五代が集中する。天武帝の母も含めれば、五人七代である。それ以外の女性天皇は偶発的なものと解釈もできるが、ここまで集中するとなればむしろ理由がなければ不自然だろう。本来の皇位継承者の早逝や、皇位継承争いの激化などの理由もあって、たまたまこの時期に集中したのも事実であるが、天武による天皇という存在についての概念形成が、このことに関係していたのもやはり確かであろう。

皇祖神アマテラスの位置付けの明確化や、伊勢斎宮（斎王）制度の制定、そして天皇の神格化といった一連の施策が、結果として女性天皇の誕生を後押しすることになったはずである。天皇たる資格は、女性であるか否かよりも、別のものが重視されるのだと、また少なくとも女性であることによって現御神としての神聖性は失われないという保証が得られたということであるだろう。

伊勢斎宮は神宮の斎王であるが、天皇はいわば国家の斎王である。天武天皇は、その母が天皇であったこともあって、当初から女性の即位には拘泥しなかったと思われる。その没後に鸕野讃良《うののさらら》皇后が天皇に即位するための環境が整っていたと考えて良いだろう。

女性天皇は、巫女としての位置付けであったのではないだろうか。これは、卑弥呼がそうであったのと同様で、古来の位置付けである天武帝によって制度化された伊勢の斎宮《さいぐう》も、意味的にはこれと同じで、古式の復活と言っても良い。卑弥呼とはヒメミコであり、媛巫女《ひめみこ》であろう。つまりこれは名ではない。

それでは、斎宮は伊勢の大神に仕えるが、女性天皇はいかなる神に仕えるのか。

現在では宮中三殿における祭祀を、天皇と皇太子のみが奉仕している。皇后にも内親王にもその役割はない。祭祀者たることは、天皇の第一義であり、次の天皇つまり日嗣ぎの皇子である皇太子がそれに次ぐ。

すなわち、女性であっても、ひとたび天皇となれば、宮中祭祀の祭主とならなければならない。そして、巫女として、宮中三殿に仕えることになる。

女性天皇の大方を輩出した飛鳥・奈良期に宮中三殿がどこまで形を成していたか不明であるが、少なくとも天武以後は三種の神器を三貴子の依り代として祀っていたのは間違いない。ということは、女性であるかどうかにかかわらず、天皇は「三貴子を祀る祭主」である。その位置付けが完成されたのは、この時代であった。

天文遁甲《てんもんとんこう》

かつて「天文を読む」ことのできる能力こそが政《まつりごと》、すなわち国と民とを統べる能力であった。かの漢土《シナ》においても長くそれは天子たる者や参謀の資格であり、わが国においても飛鳥から奈良、平安、鎌倉と続き、一時期衰退するが、再び戦国末期から江戸に至るまで、統治者の資格であった。高潮や津波を予測し、日蝕・月蝕を予知する。それだけの力を持つ者に対して人々は否が応でも畏れかしこまるだろう。その技術が天文遁甲《てんもんとんこう》すなわち古代道教の方術であり、天武朝以来「陰陽道」と呼ばれるようになったものである。天の相を判別し、地の相を判別し、政から日々の暮らしに至るまでの規範を見出すことである。

したがって、その第一は「天文」にある。古代においてその成果が最も端的に示されたのは「日蝕」の予知であった。つまり日と月とが重なる時を予知することだ。今でこそ日蝕になるからといって特別恐れることはないと私たちにはわかっているが、その昔は凶兆の最たるものであったのだ。そしてもし予告通りであれば「予告したという事実によって」宗教的かつ政治的に人心を摑み、予告が外れれば逆に一気に信を失う。呪術的効果をともなう科学技術の評価である。たとえば「天の岩戸隠れ」は日蝕を比喩的に描いたものとも云われているが、日蝕は単なる現象や景観の問題ではない。月の潮汐力は地上の海の干満をもたらすが、そこにさらに太陽の引力が加われば干満以上の現象が引き起こされることになるとも考えられる。そしてこの時、他の惑星も重なれば相乗された引力はさらに大きくなり、時には地震や高潮が引き起こされることもあるだろう。

歴史的事実と符合する日付けを、コンピュータで算出し検証すると、西暦二四七年三月二四日夕刻に、きわめて象徴的な天文現象が出現した。日蝕が始まり皆既の状態になったまま日没すなわち夜となったのである。単純な日蝕であれば、怖れおののいているうちに再び太陽は甦る。しかしこのようにそのまま日没となり、夜の闇に入ってしまってはいかなるフォローも効き目がない。おそらく当時の人々は、このまま夜が明けないのではないかと恐怖したに違いない。

この日、蒙昧な人々によって一人の巫女が死を迫られた可能性は高い。女帝・ヒミコはこの時に終焉を迎えたのではないかと私は考えている。「天文を読む」技術は、この時代にはまだ未熟であって、天の岩戸隠れは、この日、この時のことを後の人々が比喩的に伝えたのではないかと私は推測している。

正確な観測・予測の技術は、その後間もなく東漢氏《やまとのあやし》の最初の渡来によってもたらされることになる。そして天武天皇は「天文を読む」能力を手に入れることによって、最も畏敬される天皇となったのではないだろうか。

天武帝は、この技術をさらに高度に究めて人々に誇示するために、わが国初の天文台である「占星台《せんせいだい》」を造らせたとすでに述べたが、さらにそれを運営する組織体制も設立した。陰陽道を研究し実践するための官僚組織として「陰陽寮」が設けられたのは内裏近くであったろうと推測されているが、占星台がどこにあったのか、またどのような形状の施設なのかは長らく謎であった。飛鳥のどこかであることは間違いないにしても、少なくとも内裏の中は不向きである。高楼を建てるという方法もあるが、そういう記録はまったくない。

ところで飛鳥は、謎の石造物が多いことでもよく知られている。亀石《かめいし》や酒船石《さかふねいし》、鬼の俎《まないた》等々と呼ばれるもので、いずれも用途不明だ。その中の一つに「岩船《いわふね》」と呼ばれる石造物もあって、古墳の石室だったのではないかとか、大きな建造物の礎石であろう等、これについても意見百出で決定打がない。『大和名所図会』に「益田岩船」として紹介されているのがそれであるが、この絵はだいぶ誇張されている。一一五頁の写真はその現在の姿で、正しい寸法は次の通りである。

「――この石造物は、東西の長さ一一m、南北八m、高さ（北側面）四・七mの台形を呈し、頂上部と東西の両側面に幅一・八m、深さ〇・四mの浅い溝状の切り込みを設けている。頂上部ではこの溝内にさらに一・四mの間隔をおいて東西に二つの方形の孔が穿たれている。孔は東西一・六m、南北

一・六m、深さ一・三mと東西ほぼ等しく、孔の底部のまわりには幅六cmの浅い溝をめぐらす。」（橿原市教育委員会）

岩船は高台にあって、飛鳥を見渡すことができる。現在は周囲に樹木が生い茂り、ほとんど視界は遮られているが、整地してあると仮定すれば、天武天皇の宮を中心に、飛鳥全体が見渡せることだろう。むろん肝心の空の眺望はいうまでもない。つまり、この岩船こそが「占星台」の跡なのではないかと私は考えている。この上に木造の建築物が築かれていたのではないかと、かねてより私は想像している。

しかもこの地域は、東漢氏一族の拠点である。占星台を造るということは、そこで観測する人材と技能が必要となるが、当初その役割を果たせるのは東漢氏をおいて他にはないだろう。

飛鳥は、東漢氏のふるさとである。飛鳥はこの渡来の知識集団が永く拠点とした場所で、最盛期には人口の九割がその一族であったという。彼らの相地《そうち》技術によって優れた風水適地として見出されたということで、そこは都城としても、居住地としても際立っていたのだ。そしてもちろん、「天文を読む」場所としても絶好であった。

ちなみに東漢氏がわが国にもたらした陰陽五行説関連の資料は、わが国の文化に一大革命を引き起こした。『続日本紀《しょくにほんぎ》』に陰陽寮で陰陽生が学ぶ教材が記録されている。

天文生《てんもんしょう》――『天官書』『漢晋天文志』『三家簿讃』『韓楊要集』
陰陽　生《おんみょうしょう》――『周易』『新撰陰陽書』『黄帝金匱《きんき》』『五行大義《ごぎょうたいぎ》』
暦生《れきしょう》――『漢晋律暦志』『大衍《たいえん》暦議』『周髀算経《しゅうひさんけい》』『定天論』

益田岩船。『大和名所図会』所載絵図。寛政３（1791）年刊

益田岩船の現在。「占星台」の跡か？

これらはすべて古代シナ伝来の書であって、そのほとんどを東漢氏がもたらしたと考えられる。当時としては最新の学術書である。

しかしながらそのほとんどは、後の文禄四（一五九五）年、豊臣秀次切腹事件の際の巻き添えで、豊臣秀吉により焚書されて失われてしまった。残念ながら現存するのは『五行大義』などごく一部のみである。

シナでも、文化大革命によってほとんどは失われて残っていないのだが、皮肉なことに『五行大義』のみは、日本に残っていた。シナではそれを近年逆輸入して、あらためて研究に取り組んでいる状況である。

『黄帝金匱《きんき》』は、式占《ちょくせん》に関する第一の基本書であり、安倍晴明の著書『占事略決《せんじりゃくけつ》』はこれをふまえているとされるが、これも失われて今は伝わっていない。

なお、古典資料の読み方は多くは不明であって、ルビのふってあるものは稀で、あとは傍証によって推測するしかない。わが国の国書である『古事記』『日本書紀』でさえ、成立当時は「こじき」「にほんしょき」とは発音されていなかったはずで、まして伝来のものは本来は漢音や呉音であるわけだが、年代を経るに従って次第に和音や和訓になってくる。「陰陽《いんよう》」自体も、シナの陰陽説を輸入した段階では「いんよう」に近い発音であったと思われるが、実態が日本化してくるに従って「おんよう」「おんみょう」と変化している。

陰陽寮《おんようりょう》と陰陽道

天武天皇が東漢氏の協力の下に設置したのが「陰陽寮（おんようりょう、おんようのつかさ）」という国家機関である。これが日本の陰陽道（おんようどう、おんみょうどう、いんようどう）の本格的なスタートになる。養老律令（七五七年）によって、初期の陰陽寮の構成を知ることができる。天武天皇が勅命した大宝律令（七〇一年）は残っていないが、ほとんどそのまま養老律令に継承されたと考えられているため、この構成内容も大きな違いはないと思われる。事務官と技術官は、現行の大学でいえば、事務方と、教授・研究者に例えられるだろう。陰陽頭は、さしずめ学長というところである。

陰陽道の根本原理は「陰陽五行説」であるとすでに述べたが、この原理は、古代シナの春秋戦国時代（紀元前七七〇～同二二一／東周前期）に完成されたとされている。簡単に言えば「陰陽」と「五行」の掛け合わせによって世界の真理を解き明かそうというものである。

陰と陽の二気は、そのまま文字通りが原義で、ようするに太陽光に対しての日蔭と日当たりのことである。また、夜と昼、日輪と月輪（太陽と月）等々のことである。これがさらに寒暖や黒白に敷衍《ふえん》されて、万物を構成するのは対置する二つの要素であるという「二元論」になる。二元論は、西洋哲学でも基本中の基本で、元始哲学の出発点である。

東洋では道教《タオ》が最初で、陰陽を象徴化《シンボライズ》する☯という記号を創り出した。これを「太極《たいきょく》」と呼ぶが、もとは一日の夜昼の変化を二十四時図解したものだ。八卦《はっか》の記号は、これを根源にして組み立てている。易占などで使われている段重ね記号の元になっているものだ。

相性の循環構造が五角形になり、相剋が五芒星《ごぼうせい》になるのも究極の真理ゆえであるとされた。これは奇しくも、西洋の「黄金比《おうごんひ》」と直結する。黄金比とは最も美しい縦横比率の長方形のことであるが、五芒星の中にその秘密は存在する。最大長の線と次の長さの線の比率、または二番目の長さの線と三番目の長さの線の比率、いずれも黄金比・黄金分割《おうごんぶんかつ》だ。

ところで「五行」すなわち「木・火・土・金・水」は、森羅万象の象徴であって、この世界を構成するすべての要素・元素の基準となり、それぞれが象徴する要素元素は無限にある。この世界のありとあらゆる要素を五種に分類し、しかもそれを五行に当てはめて配当する。たとえば色彩は、木は蒼《あお》く繁り、火は朱《あか》く燃え、土は黄色くて、金属は白く輝き、水は玄《くろ》く深い、――という発想で「五色」が配当されている。五色はさらに「食養学」にも発展し、五色の食物を必ず一食で摂取することによって、身体は健康を保ち活力を得るのだと説くことになる。

たとえばシナでは王朝の交替をもこれによって理論付け、正当化した。いわゆる「五徳終始説（五行循環論）」である。もし王が火徳の人であるなら、敗北した前の王は金徳《ごんとく》の人であったはずだ。金は火に勝つことはできない。またもし火徳の王がこの後敗れて滅びるとすれば、水徳の王によってである。つまり水は火に勝つからだ。この論理に従えば、火徳の帝王は、その政権の安泰を図るためには、脅威となる可能性をもつ水徳の者をあらかじめ殲滅してしまえばよい。水徳すなわち北、壬・癸、亥子、十～十二月などの生まれや出身の者さえいなければ、政権は永続するということになる。正にも邪にも解釈できるというわけで、原理というものは常に両刃の剣である。

天武天皇は、この原理に基づいて「火徳《かとく》」をもって自ら任じた。それをあまねく知らしめるために、壬申の乱で自軍の兵士に赤い旗を持たせた。これは対する近江軍が金徳を標榜していたからである。そしてこの意味を広報することによって戦意を鼓舞し勝利につなげた。以後、源平合戦を始めとして、この故事に学ぶ者が続出したのは歴史上の事実が示している。これ以後の日本の戦乱史は、五色の旗や五色の武具甲冑があらゆる戦場に交錯することになる。

このように、「陰陽×五行」によって宇宙の成り立ちから大自然の循環、さらには国家の統治法、人体の構造、医学・栄養学・心理学・倫理学に至るまで、解明説明が可能である。日本の陰陽道は、これをさらに発展させた。

天の相（天文相）を観れば、その影響で、地において起きる事象の予測がつく。

地の相（地理相）を観れば、その影響による生活、社会など変化の予測がつく。——地の相の限定されたものが家の相（家相）である。

人の相（人相）は、地相家相の影響を受け、したがって天の相の影響のもとにある。

陰陽の道、陰陽の業とは、これら一連の関係を読み解く技術である。すなわち陰陽道は、天・地・人を直結させて捉え、連動という相互関係ですべてを解釈した。ここで、日本独自の「見立て」が生まれることになる。たとえば地震の予知や降雨の予測、人間の心理や行動の読み取り、予言など。——それらは、とくに安倍晴明が得意としたもので、陰陽師であれば多かれ少なかれ「見立て」が当たった。ここから「超能力者」という伝説が生まれることになる。ただし後世（とくに江戸時代）になって、陰陽道が宮廷から出て野放し状態になった時、この論法が仇をなすことになる。というのも、敷衍する、つまり「拡大解釈する」という論法を誰もが恣意的に、あるいは主観で自由におこなうことによって「迷信」を次々に生産することになったからだ。根拠の希薄なことが迷信の特徴だから、いかにも「らしい」というだけで、迷信は果てしなく作り出せる。しかしこれが、陰陽道自らの首を絞めることになる。いずれにせよ、天の相、地の相、家の相、墓の相、人の相を連動として捉える。——陰陽道の主旨はこれに尽きると言って過言ではない。（＊陰陽五行、陰陽道についての詳細は、拙著『陰陽道とは何か』を参照されたい。）

「八色《やくさ》の姓《かばね》」が明示する古代日本の支配層

稲作民族にとって何よりも大事なのは、「太陽」であることは言うまでもない。なにしろ稲作の生育に直結する天の恵みの根元であるのだから。

対するに、海洋民族にとって何よりも大事なのは「北極星」である。大海原を航海するためには方角を示す確かな指針が必要であるが、太陽が教えてくれるのは大まかな東西南北で、夜空の星々はかなりの速度で動いているので判断が難しい。その中でたった一つ不動の星が北極星である。

このように稲作民族と海洋民族とでは、古代においては根本的な価値観が大きく異なる。

そしてその両者は、まったく異なる経路によって日本列島へ到達した。片や平野を抱く内陸を目指して国を造り、片や船着き場にふさわしい地理を探し出して航海の拠点を設けた。

この両者は、ある時点で統合することになる。同じ島国に暮らしていれば、いずれは接点が生じることになるのは理の当然というもので、それを政治的に統合したのが天武天皇である。そして天武の案出したその方法が「八色《やくさ》の姓《かばね》」であった。

天武天皇の第八の功績として先に概要のみ述べた「八色《やくさ》の姓《かばね》の制定」についてあらためて記しておこう。

なお本書にいう海洋民族＝海人族とは「あまぞく」と訓読し、南方から日本列島に渡来した人々をいう。主に、「インドネシア系」と、「シナ江南・インド系」の二系統があり、それぞれゆるやかな集団・徒党を形成しているが、渡来した時代によって系統が異なるとされる。縄文時代は航海や漁撈を生業とし、時代が進むにつれて海上輸送や海上軍事に従事するように特化していった。九州南部から四国、瀬戸内、紀伊半島、尾張、伊豆、三浦、房総半島などに、海部《あまべ》氏、津守《つもり》氏、尾張《おわり》氏、安曇《あずみ》氏、熊野《くまの》氏等がそれぞれ拠点を得て、海上の輸送や軍事をほぼ独占して繁栄した。

これに対して、中央部のヤマトを中心に国家体制を築き、その統治を各地に広げてきたのが稲作民族であって、いわゆる天孫族である。

八色の姓は、この両者と、もともとこの地に土着していた縄文人の流れを汲む人々との三者を統一するために天武天皇が考案した位階システムである。

平安時代初期の弘仁六（八一五）年に編纂された『新撰姓氏録《しんせんしょうじろく》』（以下『姓氏録』と略す）は、京を含む畿内全域に居住する有力氏族一一八二氏が列挙されている、いわば「古代氏族名鑑」である。海人族が古代日本において、ヤマト朝廷から具体的にはどのように処遇されていたのかを示すという意味においても重要な資料で、全氏族を、その出自により「皇別《こうべつ》」「神別《しんべつ》」「諸蕃《しょばん》」の三階層に分類して、その祖先を明示した一種の戸籍でもある。


第一の皇別は、神武天皇以後、天皇家から派生した氏族。

第二の神別は、神武天皇以前の神代に生じた氏族で、さらに三種に分け、ニニギが天孫降臨した際に付き随った神々の子孫を「天神《てんじん》」、ニニギから三代の間に分かれた子孫を「天孫《てんそん》」、天孫降臨以前から土着していた神々の子孫を「地祇《ちぎ》」としている。

第三の「諸蕃」は、渡来人系の氏族のこと。


このように『姓氏録』には、誰がこの時代にヤマト（夜麻登・邪馬臺・倭・大和）という国家を運営していたか、ここに全貌が記載されている。それぞれの氏族の名が、居住地、姓《かばね》、始祖（氏祖神）を明記した形で列挙されている。千二百年前の都《みやこ》というものの具体的な「顔」が見えると言えるだろう。しかもここに記録されている氏族の後裔（子孫）は、その多くが現代に血脈をつないでいる。

たとえば一般に馴染み深い苗字である島田や丹羽《にわ》、小野、久米、青木、橘《たちばな》等々は、皇別すなわち「神武天皇の後裔の血統」であると、同書に録されている。

高市《たかいち》、穂積、白石、土井、河野等々は、神別すなわち「天孫および天津神、国津神の後裔」であると同書に録されている。

秦《はた》、坂上、菅野、不破《ふわ》、清水《しみず》等々は、諸蕃すなわち「渡来して帰化した氏族の後裔」であると、これも同書に録されている。

これらはほんの一例にすぎないが、現代においてもきわめてポピュラーな苗字が、すでに一二〇〇年前の氏族名鑑にその血統と共に明記されているのだ。個人名ではなく氏族名での収載であるから、それぞれの氏族から複数名以上の者が常に登用されていたと考えられる。平安時代初頭の日本の総人口は約五〇〇万人と推定されているので、中央政権を担う氏族は基本的に網羅されていると考えて良いだろう。（＊『新撰姓氏録』についての詳細は拙著『神々の子孫』を参照されたい。）

海人族は本来であればこのうちの諸蕃に当たるはずであるが、ここに諸蕃として録されている氏族は渡来して間もない人々であって、古くに渡来して定住している海人族はそれに含まれない。海人族は文字通り海の彼方より渡来した者であるが、日本各地で首長的氏族となって国造（くにのみやつこ・こくぞう）となり（実態は追認され）、地祇（ちぎ、くにつかみ）を奉斎することによって神別《しんべつ》に組み込まれた、あるいは自主的に神別の一員となったのだ。すなわち彼らの一部は、渡来氏族であるにもかかわらず、信仰する氏神ともども「ヤマトの神々の子孫」として公式に列せられたのである。本書が成立したことによって、諸蕃は以後永遠に諸蕃であるが、海人族は基本的にヤマト人になった。

国造の本来の拠点の多くは地方各地の中心的港町（津）であるが、朝廷での役務によって畿内にも居を構え、『姓氏録』には畿内の記録のみ録されている。各国には国毎の統治者として国造が置かれるが、必ずしも現地に定住しているわけではなく、京に居宅を構えて、現地には管理者を置いていた。関東から九州までほぼ全域にわたっており、いずれも名だたる大社ばかりである。判明しているだけで二十四氏あり、古い時代の渡来であって（諸蕃はそれ以後の渡来）、またそのほぼすべては海人族の血統である。また公式には社家と認定されていなくとも海人族起源と推認される国造も複数ある（なお社家に限らない氏族全般においても、海人族系と考えられるものは少なくない）。これらのなかでも、とりわけ尾張《おわり》氏、海部《あまべ》氏、紀《き》氏、熊野《くまの》氏、宇佐《うさ》氏は、わが国の歴史において重要な役割を果たしている。

海人族出自の古代の国造は一宮《いちのみや》（あるいは大社・古社）の宮司家をも兼ねたものが最も知られているが、海人族は政体が律令制を採用する以前から、すでに各国で祭政を統括しており、それが国造と一体になるのはごく自然の成り行きであったろう。ヤマト政権がどのようにして彼らを取り込んでいったのかは個別の事情もあったと思われるが、そうしなければならない理由は単純明快で、要するにヤマト朝廷は海人族の統治支配する国々が欲しかったからである。全国の海辺の要衝は早くから海人族が統治支配していたが、彼らをヤマトが無視できなかったのは、その統治方法が信仰によるものであって、これはヤマトの戦略・政策と同一であったためであると考えられている。

たとえば海人族の筆頭でもあった尾張氏は、熱田神宮を中核とした国を早くから形成しており、海運の要である津（港）を建設し並外れた経済力をも獲得していた。そうなればいずれ武力も備わるであろうことは明白であって、そしてこれはヤマトが目指していた政策とまったく同一である。

なお、『姓氏録』には氏族名と姓《かばね》（可婆根、尸）とが一体となって収載されており、カバネがすでに名と同化していたことが認められる。「姓（かばね）」という語が将来、「姓（せい）」と音読されるようになる前段階とも理解されよう。当初のカバネ（原始的カバネ）は五世紀頃には成立していたと考えられるが、発祥の経緯や語源は不明である。おそらく、有力氏族の地位や職掌がヤマト政権において定着するにつれて、それぞれの立場を示すために与えられ制度化され世襲されたものであるだろう。当初制度化されたカバネは国造《くにのみやつこ》、県主《あがたぬし》、稲置《いなぎ》、別《わけ》（和気）など。その後、公《きみ》（君）、臣《おみ》、連《むらじ》がさだめられ、さらに直《あたい》、首《おびと》、史《ふひと》、村主《すぐり》（勝《すぐり》）、造《みやつこ》、伴造《とものみやつこ》、神主《かんぬし》、祝《ほふり》、曰佐《おさ》、吉士《きし》、薬師《くすし》、絵師《えし》、使主《おみ》など、出自や官職によって慣習的に呼び習わされる傾向であった（系統的一貫性はない）。それをカバネと称して、ヤマト政権下で、大王《おおきみ》（天皇）から有力氏族に称号として与えることとしたものである。

それらの集大成として、天武十三（六八四）年に、天武天皇によって「八色《やくさ》の姓《かばね》」が制定され、これによってそれまでのカバネは形骸化した。八色の姓は**真人**《まひと》、**朝臣**《あそん》、**宿禰**《すくね》、**忌寸**《いみき》、**道師**《みちのし》、**臣**《おみ》、**連**《むらじ》、**稲**《いな》**置**《ぎ》の八階位であるが、新たに授与されたのは実質的には上位四姓のみで、それまで尊重されていた世襲の臣、連は六位、七位に下げられ、新たなカバネは有能な人材の登用法・抜擢法として活用した。壬申の乱において舎人《とねり》などの下級官人の支持によって勝利したことを踏まえた、天武天皇による一大改革である。

以後、八色の姓は厳密には明治初期まで千年以上にもわたって公式の称号として用いられている。明治政府の公文書には、「平　朝臣隆盛《たいらのあそんたかもり》（西郷隆盛）」「藤原朝臣利通《ふじわらのあそんとしみち》（大久保利通）」、「菅原朝臣重信《すがわらのあそんしげのぶ》（大隈重信）」、「源　朝臣有朋《みなもとのあそんありとも》（山縣有朋）」、「越《お》智宿禰《ちのすくね》博文《ひろふみ》（伊藤博文）」などの署名が認められる。いずれも「氏《うじ》」と「姓《かばね》」を体したもので、『姓氏録』の氏姓にならって授与されたものである。

しかし明治四年には「姓尸不称令《せいしふしょうれい》」が布告され、一切の公文書に「姓尸」(カバネとウジ)を表記することなく、「苗字実名」のみを使用することが定められた。これによって氏姓は事実上廃止となった。ただ、千年以上にわたって続いたことで、深く浸透し、いわば日本人の血統保証のようになっており、非公式に「家柄」「家格」として系図等にその後も記されている。

『姓氏録』の氏族名は主にこれらの「八色の姓」とともに記されているが、なかには古い姓を用いているものもあるのは、その時点ですでに名と一体化していたゆえと考えられる。そもそも本書の表題が『姓氏録』すなわち「姓《かばね》」と「氏《うじ》」によると示しているように、ここに示されるのは「氏+姓+出自」である。

「八色の姓」によって『新撰姓氏録』の内訳を見てみよう。

第一位、真人《まひと》　四八氏(うち四四は皇別筆頭。残四は未定雑姓)
第二位、朝臣《あそん》　一〇二氏(天孫系と地祇系に分けられる)
第三位、宿禰《すくね》　九八氏(天孫系と地祇系に分けられる)
第四位、忌寸《いみき》　五〇氏(天孫系と地祇系に分けられる)
第五位、道師《みちのし》　なし(技術者・技能者の尊称か)
第六位、臣《おみ》　六三氏(「八色」以前からの世襲)
第七位、連《むらじ》　二五八氏(「八色」以前からの世襲)
第八位、稲置《いなぎ》　なし(地方官であるため、畿内に住むことはない)

第一位の姓「真人」は、全四八氏（息長真人《おきながのまひと》、甘南備《かんなび》真人、飛多《ひだ》真人　英多《あがた》真人、大原真人、吉野真人、淡海《おうみ》真人、氷上《ひかみ》真人　多治《たぢひ》真人、春日真人、当麻《たいま》真人など）のうち、未定雑姓の四氏以外の四四氏はすべて皇別筆頭である。これはすなわち内廷皇族（天皇一家）に次ぐ高位高官という意味で、後世の皇族に相当する一族であろうと考えられる。

なお八色の姓とは、文字通り八種類八階位であるが、その第一位の「真人」には特別な意味がある。これは道教の用語で「天の神の命を受けた地上の支配者」を意味する。

ちなみに筆者の父方の系図には、氏祖から五代目に多治比島真人《たぢひのしまのまひと》という名が見える。多治比氏は当初「公《きみ》」であったが、後に「真人」に登用されたものであって、したがって生え抜きの皇別ではない。こういった氏族も存在するが、いずれにせよこの時以来、家系を権威付けるための重要な要素になった。

かつて海は陸上よりもはるかに発達した交通路であった。とくに日本では四方を海に囲まれているだけでなく瀬戸内海という穏やかな内海を抱えていることで、その一帯は一つの交流圏である。政治的にも経済的にも一体で、古くからその主導権を保有していたのは海人族の海部《あまべ》一族である。

海部とは、その名の通り元々は「海の仕事に携わる人々」のことで、漁業および操船航海術によって朝廷に仕えた品部《しなべ》の一つだ。記紀の応神朝に「海部を定めた」とあるところから、対朝鮮半島用の水軍兵力として、とくに海人《あま》を組織することが求められたからと思われる。全国各地の海部を朝廷の下で伴造《とものみやつこ》として統率する役割を果たしたのは、同族の阿曇連《あづみのむらじ》や凡海連《おおしあまのむらじ》であった。「あづみ」は「あまつみ」の転訛で、本来は「海人津見《あまつみ》」であろう。つまり、海人族の監督者である。阿曇連や凡海連も渡来系の氏族で、海人族とは海洋民族のことである。したがって基本的に陸地民族とは異なる規範を持っていることは既に述べた通りである。

このような属性を保有する海人族は、ある時期世界各地に雄飛するが、陸地の政権との軋轢から分断と定着を余儀なくされるようになる。それは日本においても同様で、「あま」の音に因む地名が全国の沿岸地域に数多く残っているのはその名残りだろうし、海人族が古代から日本文化に深く関わっていたのは間違いない。なかでも品部の呼び名がそのまま氏の名となっている丹後《たんご》海部《あまべ》氏は、文化史の上でもよく知られている。尾張氏や紀氏ほどの大族とはならなかったが、信仰上の重要性においては、海人族にとってはもちろんであるが、ヤマト朝廷にとってもきわめて重要な位置を占めている。

「国造」とは「くにのみやつこ」「こくぞう」等と訓・音読する古代の称号である。「国」を治める「御奴《みやつこ》（天皇の部下）」という意味に発すると推測されるが、この場合の国の単位は各地様々で明確な行政区分があったわけではない。後に令制で整備された区画でみると郡や県に相当するものであったとも推定されるが、それは日本の国土の地理的な構造によるもので、山脈や谷川が自然の区分けになっていたのだ。

すでにその地で支配的立場となっていた豪族が、朝廷に帰順したことによって国造に任じられたものが大半で、「国造本紀」によれば主に第十二代・景行天皇から第十九代・允恭《いんぎょう》天皇の時代にかけて任じられている。国造に任じられる際には、同時に臣《おみ》・連《むらじ》・公《きみ》（君《きみ》）・凡直《おおしのあたい》（直《あたい》）などのカバネも授与された。しかし地方官というよりも、連邦制の独立国家に近いもので、軍事権や裁判権等の自治権を保有していた。そもそも各地の有力豪族とは、地理的に一つの行政区画としてとらえられた地域の軍事権・裁判権などを一手に持つ者をいうのであって、対象範囲は後世の「郡」に相当するものが過半で、藩や県に相当するものも一部存在した。ヤマト政権の統治下にある地方自治の統一単位である。

いっぽう、ヤマト朝廷は、海人族＝国造の「横のネットワーク」に対して「縦のネットワーク」構築にひたすら邁進し、内陸の盆地という自然の城塞城郭に拠点を建設する。これが日本における中央集権の始まりである。ヤマト朝廷がようやく「津」の重要性に気付くのは、国内が比較的安定して、海外との交易や戦闘を重視するようになってからである。

なお、「国造」そのものも古代のカバネの一種であるが、ヤマト朝廷によってそれぞれの国造に各種のカバネが別途与えられ、格付けがおこなわれている。それらは主に公（君）、臣、連、直であった。国造となった海人族は、氏祖を神として祀ることによって、自らも神の子孫であると位置付けた。元々の一族にはなかった思想である。神仙郷を目指してヤマトへ渡来した人々は、そうすることによって神々の仲間入りを果たしたのであろう。「諸蕃」が「神別」へ同化する端緒がここにある。『姓氏録』には、右京神別地祇、摂津国神別地祇、未定雑姓右京地祇それぞれの凡海連という三氏が収載されている。いずれも「神別・地祇」の「連」であるが、元は渡来の海人族で、壬申の乱に際しては尾張氏をはじめとする同族の全面協力によって鉄刀を手配し、銅剣しか持たない大友軍を圧倒した。


さて第二位の「朝臣」は、古くは「あそみ」と読んでいたが、まもなく「あそん」と訛り、そのまま定着した。「朝廷に最も近く仕える臣民」という意味である。第一位の「真人」は皇族に限定していたので、授与されるカバネとしては事実上の最上位である。

八色の姓はこれ以後千年以上続くことになるのだが、カバネが形骸化しても、右に示したように権威付けとして明治初頭まで用いられ、とりわけ「朝臣」は人気であった。時代が下ると、公家や武士のほとんどが藤原朝臣、源朝臣、平朝臣の子孫ばかりになってしまったので、文字通りの「形骸化」となったのは滑稽であろう。明治政府によって新たな階級として公爵・侯爵・伯爵・子爵・男爵の五爵位が定められて、公式に廃止されることとなったが、先祖が朝臣か宿禰であったことを系図に記すことは依然として歓迎された。

「宿禰」は「すくね」と訓読し、「おおね（大根）」に対して「すくね（少根）」とするもので、「おおね」は早くに消滅したが、主に武人に与えられた称号である。後世の大将・少将に相当する位階であろうと思われる。

皇別の実態

『姓氏録』は、平安時代初頭のヤマト人の血脈を浮き彫りにする記録である。このような氏族名鑑が八一五年に成立していることによって、ヤマト朝廷の統治体制の実態実相がかなり具体的に見えてくる。とりわけ興味深いのは、それぞれの氏姓に但し書きとして「氏神（氏祖の神名）」が記されていることであろう。氏族が氏祖神としている神々の血統は、実は各氏族の血統を示唆している。ヤマト朝廷を担い、日本という国家政体を運営する人々の本性である（一部に「なりすまし」も存在するが、研究者によっておおむね明らかになっている）。

皇別の氏族数は三三五氏であるが、これは別の視点から見れば「天皇家一氏」ともとらえることができる。千二百年前の日本においては、いかに巨大な氏族であったかわかるだろう。

さらにここに、神別の天孫系一二八氏も一族であるとして含めれば、合計は四六三氏となり、実に全氏族の三分の一以上を占めることになる。かつて、古代において、天皇家の力の源泉は「数」でもあったとも推測される。

そして、共通言語であり、かつ公用語であった「ヤマト言葉」は、皇族（天皇一族）の言語であったということであるだろう。

その皇別においても最古の氏とされるのは紀伊国造の紀氏である。『姓氏録』においては左京皇別、右京皇別に紀朝臣、河内国皇別に紀祝、紀部が収載されている。氏の名の通り本貫地は紀伊国であって、日前宮《にちぜんぐう》の宮司家でもある。天道根命《アメノミチネノミコト》を祖神としているが、アメノミチネは初代・紀伊国造である。

紀氏は、天皇家に匹敵するだけの古い由緒がありながら、歴史的には一族の中から目立った地位に人の立つことがほとんどなかった。『紀伊続風土記』の編纂は、この名家にとって世に知らしめる千載一遇のチャンスだったのだ。当時の紀州藩主・徳川斉順《なりゆき》は、御三卿の一である清水家から転出したもので、大きなチャンスと考えたとして不思議はない。御三家の一として、紀伊紀州藩の威信を高めることは徳川宗家において自らの地位を高めることになる。領地も臣下もない御三卿と異なり、紀州は大藩である。ここに由緒も加われればさらに強い立場となる。しかも「紀」という氏姓は、日本で最も古く、最も由緒ある氏姓である。同等の由緒ある天皇家には公式には氏姓・苗字はないことになっているので、まぎれもなく紀氏が最も古い氏ということになる。

一般には『古今和歌集』の撰者である紀貫之《きのつらゆき》の名で馴染みがあると思うが、紀氏は神代の昔から現代に至るまで文字通り連綿と続く氏族である。土佐の山内氏や肥後の細川氏、薩摩の島津氏などがどれほど名門だといっても、たかだか数百年のことだが、紀氏は初代が紀伊国造に、そして日前宮の宮司家としておおよそ二千年もの間、紀伊和歌山の地にある。

▼日前宮《にちぜんぐう》（名草宮《なぐさのみや》）（日前神宮《ひのくま》・國懸神宮《くにかかす》）　和歌山県和歌山市秋月

【主祭神】日前神宮：日前大神
　　　　　國懸神宮：國懸大神

【神体】　日前神宮：日像鏡
　　　　　國懸神宮：日矛鏡

では、皇別氏族の氏神神社は日前宮かというと、ご存じのように、それよりもはるかに新しい鎮座である伊勢の内宮（皇大神宮）である。なにしろ祭神が皇祖・アマテラス神であり、神体はその依り代たる八咫鏡であるのだ。伝承に従えば八咫鏡は天の岩戸開きの際にアマテラスを映し出して輝いたもので、ニニギの天降りに際してアマテラスから授けられ、その後は宮中に祀られていたが、伊勢に遷されて鎮座されたものである。つまり、高天原→皇居→伊勢という来歴であるのだから、これ以上の保証はないということになる。社殿創建の時期にかかわりなく、神体のゆえに、ここが第一の氏神社ということになるだろう。

▼皇大神宮《こうたいじんぐう》（通称　内宮《ないくう》）　三重県伊勢市宇治館町

【祭神】天照坐皇大御神　（配祀）相殿神二座

なお、伊勢に次いで、「皇室の宗廟」として古来、皇室から特別な崇敬を受けているのは大分の宇佐神宮である。皇室みずから宗廟と称しているのであるから、氏祖の陵墓ということであろうと私は解釈している。（拙著『アマテラスの二つの墓』参照。）

▼宇佐神宮《うさじんぐう》（通称　八幡様《はちまんさま》）　大分県宇佐市南宇佐
【祭神】　應神天皇　多岐津姫命　市杵嶋姫命　多紀理姫命　神功皇后

皇別には紀氏の他にもいくつかの神道系の祭祀氏族の名が見える。吉備氏、住吉氏、物部氏、尾張氏など、神別には比較すべくもないが、古豪氏族の顔ぶれが見える。ただ、いずれも氏神の大社を祀ってはいるが、皇統の保証はない。また、この前後から歴代天皇が特定の寺院にも帰依することが多くなっていき、皇別と神道との関係は希薄になっていく。

皇別には不思議な現象も見て取れる。一覧をご覧いただければ気付くのではないかと思うが、皇別の氏族名には中世以降に活躍した名前（歴史に名を刻んだ氏族名）がほとんど見当たらないのだ。とくに「皇別」であり「真人」である氏族こそは、天武政権の中枢であったはずなのに、である。朝廷に最も重きをなす「皇別／真人」四四氏をご覧いただきたい。この名簿が完成した時には、すでに嵯峨天皇（父は桓武天皇）の御代になっていたが、その二代前までは天武帝以降全天皇が天武系であり、また「八色の姓」はすでに百年近くにわたって浸透定着していたところから、この時点での改竄はほぼ不可能であったろうと考えられる。つまり、この四四氏こそは、天武政権の中枢の構成氏族であろうと推定される。

にもかかわらず、その後の歴史に名を残すような事例はきわめて少数である。これはいったいどうしたことだろう。

左京皇別　三〇氏

息長真人《おきながのまひと》　山道《やまじ》真人　坂田酒人《さかひと》真人　八多《はた》真人　三国《みくに》真人　路《みち》真人　守山《もりやま》真人　甘南備《かんなび》真人　飛多《ひだ》真人　英多《あがた》真人　大宅《おおやけ》真人　大原真人　島根真人　豊国真人　山於《やまのえ》真人　吉野真人　桑田真人　池上《いけのえ》真人　海上《うなかみ》真人　清原真人　香山真人　登美真人　蜷淵《みなぶち》真人　三島真人　淡海《おうみ》真人　三園真人　笠原真人　高階《たかしな》真人　氷上《ひかみ》真人　岡真人

右京皇別　一一氏

山道《やまじ》真人　息長丹生《おきながのにう》真人　三国真人　坂田真人　多治《たぢひ》真人　為名《いな》真人　春日真人　高額《たかぬか》真人　当麻《たいま》真人　文室《ふんや》真人　豊野真人

山城国皇別　一氏

三国真人

大和国皇別　一氏

酒人真人

摂津国皇別　一氏

為奈《いな》真人

天武天皇を直接に補佐し、朝廷を成り立たせていた殿上人《てんじょうびと》は、百余年後にはほぼすべて入れ替わったということであるだろう。政治も軍事も祭祀さえも、ことごとく「神別」と「諸蕃」によって取って代わられることとなる。この頃に政変が起きたという明確な記録はないのだが、桓武天皇によって、平城京から平安京へ遷都する、という歴史的大イベントがあった。政体内のこの変化は、それにともなうものであって、これは明らかな〝政変〟であろう。『姓氏録』は、日本の歴史に「武士の時代」

が出現するはるか昔に「神別・諸蕃の時代」が出現したことをどうやら教えてくれているようだ。それと相前後して、アメノミナカヌシは忘れられた存在になっている。

「神別」の底力と「諸蕃《しょばん》」の実態

『姓氏録』を概観すると、国家の主権が「皇別」とりわけ「真人」にあったことは疑いない。

しかし同時に、すでにして神別にこそ本質的な統治力が備わっていたことも明確に浮かび上がって来る。つまり、政体の名目上の主権は「皇別・真人」にあると見せながらも、実際に政務を担当していたのは「神別」であるという構造である。神別氏族全四〇四氏の中でも筆頭格である「左京神別」六二氏に限っても、その後の歴史を知る者には錚々たる顔ぶれである。

『姓氏録』には氏族それぞれの具体的な職掌が示されているわけではないが、『日本書紀』その他の資料と照合すると、政治や軍事を掌握する中臣氏や大伴氏、また文化や祭祀に深く関わる弓削氏、丹比氏、出雲氏、尾張氏など、この後に実務面で主導的役割を果たす氏族の顔ぶれがここにそろっている。平安時代に入ってまもないにもかかわらず、すでに彼らが実質的に国家を動かしていたことが推測される。つまり、『姓氏録』の主役は、彼ら「神別」なのである。

なおここでで指摘しようとする重要な点は他にもう一つある。収録されている全一一八二氏の内訳を見てみよう。

●皇別　三三五氏
●神別　四〇四氏　　二四六氏（天神系）

一二八氏（天孫系）
三〇氏（地祇系）

●諸蕃　三二六氏

一六三氏（漢）
一〇四氏（百済）
四一氏（高麗）
九氏（新羅）
九氏（加羅）

●畿外　一一七氏

お気付きと思うが、「諸蕃」つまり「渡来人」の比率が異様に高い。ご覧の通り「渡来人」すなわち「在日外国人」が三二六氏であって、実に二八％にも及んでいる。

ちなみに「渡来第二期」（神功・応神期）に、数千人が渡来したと『日本書紀』「応神紀」にある（第一期は弥生時代形成期）。この時に、弓月君《ゆづきのきみ》、阿直岐《あちき》、王仁《わに》、阿知使主《あちのおみ》などが渡来した。弓月君とは秦氏の氏祖、阿知使主は東漢《やまとのあや》氏の王である。阿知王は七姓漢人（朱・李・多《おお》・皀郭・皀・段・高）と共に渡来したと同記録にある。

これが『姓氏録』の時代の現実であって、平安時代初期の頃の京の都は、ある意味では東京など比較にならないほどの「国際都市」であったとも言えるだろう。

ところで、日本人を日本人たらしめているものの一つは、まぎれもなく「神道」であろう。あえて神社神道というように限定しても良いが、神社神道は日本以外には存在しない。厳密にいえば、日本人と共にあるので、日本以外であっても日本人のいるところには神社神道は存在すると言っても良いだろう。

ところが実は、神社の発生や、流布・浸透には渡来人が深く関わっている。既刊拙著『縄文の神が息づく　一宮の秘密』で私がピックアップした古社四八社は、その信仰の本質が「縄文の血脈」であると述べたが、それではその後、渡来人および渡来の信仰はどのように影響したのか。長年月に亘って全国に無数に勧請あるいは創建されてゆく神社、また私たちが馴染んできた全国のほぼすべての神社の、実は少なからぬものが渡来人の影響下で発展してきたものなのだ。

『姓氏録』に記録されているように、渡来人の筆頭は秦《はた》氏である。その代表格といえば、漢系氏族の太秦公宿禰《うずまさのきみ》である。雄略天皇の時に一族の首長の秦酒公《はたのさけのきみ》が絹を織って献上したことから、禹豆麻佐（うずまさ）の姓を賜わった。後に太秦の字をあてたという。居住地は今なお京都太秦として地名に残る。松尾神社や伏見稲荷神社を氏神とし、広隆寺を氏寺とした。

▼松尾大社《まつのお》（通称　松尾さん）　京都府京都市西京区嵐山宮町
【祭神】　大山咋神　中津嶋姫命

神社由緒にはこうある。

「当社は京都最古の神社で、太古この地方一帯に住んでいた住民が、松尾山の神霊を祀って、生活守護神としたのが起源といわれます。五世紀の頃朝鮮から渡来した秦氏がこの地に移住し、山城・丹波の両国を開拓し、河川を治めて、農産林業を興しました。同時に松尾の神を氏族の総氏神と仰ぎ、文武天皇の大宝元（七〇一）年には山麓の現在地に社殿を造営されました。都を奈良から長岡京、平安京に遷されたのも秦氏の富と力によるものとされています。」

ちなみに秦氏みずからは、朝鮮系ではなく「漢系」と称している。

それにしても、奈良平城京から長岡京、平安京へと遷都をおこなった国家的大事業が「秦氏の富と力によるもの」との記述通りであるとすれば、その実力はとてつもないもので、ともすれば天皇家をも凌《しの》ぐほどのものであったのかもしれない。秦氏は渡来氏族の中でも特に力を持っていた一族で、左京右京ともに数も多く、それだけ広範な社会的影響力を保有していた。秦氏の中心的人物である弓月君《ゆづきのきみ》は、秦《しん》の始皇帝の直系三世孫を称している。「祭祀」への影響も大きく、最多の神社信仰として周知の稲荷信仰も、もとは秦氏の氏神である。

▼伏見稲荷大社《ふしみいなりたいしゃ》（通称　おいなりさん）　京都府京都市伏見区深草藪之内
【祭神】宇迦之御魂大神《うかのみたまおおかみ》　（配祀）佐田彦大神　大宮能賣大神　田中大神　四大神

ご存じ、全国最多の神社・稲荷神社の総本社である。全国に四〇〇〇〇社以上鎮座すると言われているが、小さなものは街角の祠《ほこら》から個人の屋敷神に至るまで無数に祀られており、その実数は不明である。「日本三大稲荷」と称されるものも、伏見稲荷以外はみずから手を挙げる者によって様々で、豊川稲荷や最上稲荷、笠間稲荷、祐徳稲荷など少なくない。しかも豊川稲荷は曹洞宗、最上稲荷は日蓮宗の寺院である。いずれにしても、それらの大本は伏見稲荷である。

稲荷信仰は、元々は字義通り「稲なり」という農耕豊作の神である。祭神の宇迦之御魂《うかのみたま》大神は穀物とりわけ稲の神霊を意味するもので、いわば典型的な弥生神である。

ところが、農耕には無縁の秦氏が信仰するようになって以来、また都という土地柄もあって商業神に変貌した。現世利益といういかにも商人に歓迎されそうな新しい信仰は、わかりやすさと親しみやすさで瞬く間に流行し、古き神々はそのさまをひっそりと見守るばかりであった。はるか後発の江戸でさえ、最盛期の様子について「伊勢屋、稲荷に、犬の糞」などと韻を踏んで歌われたほど至る所に勧請された。その流れの上に京都祇園祭も生まれている。八坂神社の祇園祭は、本来は神道信仰とは無縁のもので、祇園神も異国の神である。平安京は異国渡来の信仰に占領された街なのだ。

『姓氏録』を見ると、渡来人の比率が異様に高いのは都だからと思われるかもしれないが、実は『姓氏録』が対象としなかった「畿外氏族」も渡来の比率はけして低いとは言えない。正確なデータは存在しないので、その数値は提示できないが、たとえばすでに指摘したように、海辺に近い主な神社は海人族によって祀られているものが少なからず存在する。しかもこれらの宮司家は同時に国造でもあったから、当該地域における統治者であって、その一族は繁栄していたと考えられる。渡来であるから畿内では思うような出世も難しいが、地方ならば実力次第という事情もあったのだろう。

その典型は、土佐の長宗我部氏であろう。『姓氏録』にはその氏姓は見られないにもかかわらず、土佐を本貫地として勢力を広げ、ついには四国全土を平定し支配する。その独特の名・長宗我部からあたかも土佐の古い豪族であるかのように誤解されるが、血統は渡来人の秦氏である。秦河勝は丁未《ていび》の乱（五八七年）の戦功により信濃に所領を得た。河勝は長子・広国を赴任させるが、都および朝廷との関係は確保。そのつながりで保元の乱（一一五六年）に参戦したが、敗退。土佐に落ち延びて新たな名を称したものである。

ちなみに、『姓氏録』に見える主な渡来系氏族を挙げておこう。

文《ふみ》氏（宿禰、忌寸など）は、もっとも古い漢系の帰化氏族。後漢霊帝の子孫を称し、秦始皇帝の裔と称する秦氏とならび称せられる。応神天皇時代に渡来し、朝廷に文筆で仕えた。阿《あ》知使主《ちのおみ》は東漢《やまとのあや》氏《うじ》の祖に、王仁《わに》は西漢氏《かわちのあやうじ》の祖となった（「あや」の語源は「文」）。木津忌寸《こつのいみき》は阿知使主の後裔。武生《たけふ》宿禰は王仁の後裔。

山代《やましろ》忌寸は、魯国の白竜王（北燕第三代天王の馮弘とも）の子孫と称している。

大崗《おおおか》忌寸は、魏の文帝の後裔を称し、倭絵師として仕えた。

楊侯《やこ》忌寸は、陽侯氏（陽侯史のち陽侯忌寸）は隋の煬帝の子孫である達率《だちそち》楊侯《やこ》阿子王の末裔を称している。楊侯麻呂《やこのまろ》は、奈良時代に大隅国守に任じられている。姓は史。

和薬使主《やまとのくすしのおみ》は、下賜された姓そのものが呼称となったもの。飛鳥時代に渡来人・善那《ぜんな》が孝徳天皇に初めて牛乳を献上し、その功により和薬使主という姓を得たものと記されている。牛乳は当初「薬」であった。

なお、和泉国神別の地祇に長公とあるが、これは　阿波国・長《なが》国造（直）の裔であって、長氏は、東漢《やまとのあや》氏の裔の東漢長直より発している。

秦氏とは別の意味で歴史的重要人物として名高いのが、右京諸蕃・漢系の坂上大宿禰《さかのうえのおおすくね》である。坂上氏は渡来氏族の代表格でもある東漢《やまとのあや》氏の支族であるが、一族は様々な技術によって財務・外交・文筆等に重用され、六〇家以上にも繁栄した。カバネは「直」であったが、出世して天武十（六八一）年には「連」となり、六八五年に「忌寸」となる。

壬申の乱で武功あった坂上老《さかのうえのおきな》以来、武人としても評価があり、その孫の県犬養《あがたいぬかい》は聖武天皇に武芸の才を認められて正四位に昇格、そしてその子の苅田麻呂《かりたまろ》は天平宝字八（七六四）年、恵美押勝《えみのおしかつ》の乱に功績あって「大忌寸」となる。その後、上表して一族一〇氏一〇家を「宿禰」姓とし、苅田麻呂の子・田村麻呂が蝦夷征討に大功あって、ついに七九七年には征夷大将軍・正三位大納言となる。渡来の諸蕃としては異例中の異例である。

田村麻呂は、大柄で顔は赤く、髭は黄色であったと伝えられており、そのほかにも数多くの多様な伝承伝説が生まれている。田村麻呂が創建したという寺社はきわめて多数に上るが、伝承であって確証はない。五四歳で没したが、その遺骸は勅命により、甲冑に身を固め、立ち姿のまま東を向いて埋葬されたと伝えられる。すなわち死してなお対蝦夷の皇城守護となっているということである。なお娘の春子は桓武天皇の後宮へ入り、葛井親王を生んでいる。

ちなみに、諸蕃氏族はいくつかの由緒系統が見られる。周王を始め、秦始皇帝、漢の高祖、後漢の霊帝、魏帝などの末裔後裔である。ただしいずれもあくまでも自称であって確証はない。渡来であることのみは事実であろうと考えられるが、その血統については永遠に不詳である。日本でも戦国時代以降に全国的に流行したように、社会的にある程度の地位を得た者は、その先祖や血統を粉飾するのは常道である。日本では恣意的にいずれかの天皇に祖先を求める者が大半で、中には祖先を平氏、源氏、藤原氏に求める者もあるが、平氏も源氏も共に天皇家由来の血脈であり、藤原氏は天児屋命《アメノコヤネノミコト》を祖としているが、『古事記』に岩戸隠れの際に祝詞《のりと》を唱え、天孫降臨の際には邇邇芸命に随伴して降臨した神とある。

なお、「百済」は本国の滅亡もあって、多くの帰化があった。他は少数ながら、高麗、新羅、任那からの帰化氏族がある。

(＊『新撰姓氏録』についての詳細は、拙著『神々の子孫』を参照されたい。)

なお、「諸蕃」は神々の子孫とは記されていない。あくまでも「異国の王の子孫」である。そしてその王たちにも当然ながら「神話」はある。秦氏の祖たる始皇帝は「神をも凌ぐ皇帝」の称号を創始し、漢の初代皇帝・劉邦は「龍の子」という伝説があって、その子孫たちから多くの国の創始者が誕生している。

また、シナの歴代皇帝たちは、皇帝として即位するに際して「封禅《ほうぜん》」という儀式をおこなったが、これは「神と同化」するという秘祭である。封禅とはひとえに天皇五帝の神々に連なるためであった。秦始皇帝が最終的に不老不死の妙薬を神仙界に求めたのも、生きながらにして神となる方途を求めたからに他ならない。そして始皇帝が徐福を東海の神仙郷へ派遣したのを見倣うかのように、諸蕃（主に漢人）の人々は渡来した。すなわち渡来の時期はそれぞれであっても、いずれも「東海の蓬萊山」を目指した人々である。より古き時代はヤマトは神仙界、富士山は蓬萊山と考えられていたのだ。

つまり、古代ヤマトへの渡来人とは、神々の仲間入りを企てた人々のことである。彼らが日本各地で神社を創建しているのは、神々に近づくための入り口としてである。

『姓氏録』が当初立案撰進された際には、「神別・皇別・諸蕃」の順であったことはすでに判明している。それが最終的な編纂時には入れ替わって「皇別」が最初となって「神別」と入れ替わっている。これについては諸説あって、佐伯有清氏は、あまり意味はない、と重視していないのだが、勅撰の国書についてそんなことがあるはずもなく、私はあらためて「神別」優先こそが、そもそもの方針であったが、重要な理由があって変えたのだと考える。その根拠は、本文における神別の既述が「天神・天孫・地祇」の順に明確に区分けされていることである。これは全体構成とはあきらかに矛盾するもので、もし「皇別」を最優先することが大前提であったなら、神別における区分も「天孫・天神・諸蕃」の順でなければ整合しないだろう。

そしてその考え方こそは、天武天皇がおこなった多くの偉業に共通する根源の思想だからである。あえて一言だけふれておくならば、「天皇」という存在の発想（大王《おおきみ》ではなく）に直結するものである。たとえ天孫であろうとも、血統上その大本は何かといえば天神に発することはいうまでもないことで、であるならば、皇別も、大本は神別より発しているのであるから、本書の構成は「神別・皇別・諸蕃」となるのが理の当然というものであるだろう。当初の発議においては、桓武天皇は素直にそのように構成するつもりであった。しかしながら完成を見ずに崩御することとなり、引き継いだ嵯峨天皇は「天皇の理念」に拘泥せず、ただひたすら天皇の権威、皇族の権威を高めることにした結果、神別と皇別を単純に入れ替えたものではあるまいか。

皇別筆頭の四四氏がすべて「八色の姓」で最高位である「真人」になっているが、それがその結果なのか、あるいは筆頭に真人が占めているゆえに皇別そのものを最上位と位置付けたのかは不明である。しかし『天神』優先こそは、天武帝の思想を体現するものであって、その痕跡は「神別」の項目内構成に明らかである。『姓氏録』に限らず、天武天皇によって発案された思想体系は、すべて「神事が第一」なのである。奇しくも、『姓氏録』の構成の齟齬が、そのことを証明したということでもある。皇別も、いわば「神別の天孫の一枠」にすぎないということである。ただしその「一枠」は量も質も桁違いに特別であるが。

わが国の神々をひとくくりに呼ぶときに「天神地祇《てんじんちぎ》」というが、これは「天神」と「地祇」であって、ようするに「天の神」と「地の神」である。ここからさらに踏み込んで、天神は高天原の出身、地祇はもともとこの地にいた土着の神、という意味で用いている。「天つ神」「国つ神」という言い方もする。ちなみに本居宣長は「天に坐《まし》ます神、又天より降坐《くだりませ》る神」が天神であり、「此国に生坐《なりませ》る神」が地祇であるとした。これが最も正確な解釈であろう。

陸の民の指針になった北極星

ヤマトの神話は、当初は高御産巣日神《タカミムスヒノカミ》（男／天／高皇産霊尊）と、神産巣日神《カミムスヒノカミ》（女／地／神皇産霊尊）の二神から始まるものであったとも考えられる。

それが弥生と縄文の共存共栄である。

それを新たな次元へと昇華させる目的で、天武天皇は二神の上に統合神として天之御中主神を設定した。

この神は、元々は海人族が信仰していた超越神であるが、天の真ん中、海の真ん中の不動の主として君臨する唯一神で、比べるもののない存在である。それが北極星のことであるという認識がどこまであったかは不明であるが、星座としての認識はかなり古くに遡るものであるから、少なくともおおくま座とこぐま座に相当する二対の柄杓形の星座が、北極星 Polaris に相当する星を中心に北の空で回転しているという程度の理解は海人族が大海を航海するようになってからさほど年月の過ぎぬうちに生まれていたと推測される。とくに太平洋に船出した場合などは、三六〇度見渡す限り視界に何もないという状況は珍しくないばかりか、夜間になれば眠る以外は夜空の星ばかりが自然に視界を占有する。毎晩眺めているうちに、特定の構図の星座が移動していることも容易に認識することになる。そうなれば、不動の星を発見するのは間もなくであろう。太平洋上の船の上で、一晩夜空を肉眼で眺めていれば、星座はほぼ半回転する。地球が自転しているからであって、天空が動く訳ではないのだが、海人族の日常にとってはどちらでも良いことだろう。いずれにせよ、不動の北極星が唯一の指針であることだけは間違いないのだから。

その海人族も、いつかは陸に上がらなければならない。しかもそれは帰還である。海人族といえども、生業が海に因《よ》るということであって、生身の人間である以上、拠点は陸地である。そういう意味では、日本列島は海人族にとって格好の環境である。いたるところに津（港）に適した地形があって、とりわけ太平洋側は海上行動に便利この上ない。そんな事情から、各地の海辺に海人族が定住して集落を形成していった。集落がある程度落ち着くと、その中心として彼らの信仰する神を祀り、その信仰がさらに人々を招き寄せる。こうして誕生したのが住吉大社や籠《この》神社、宗像《むなかた》大社といった海人族の奉斎する神々である。

その当時、もし日本列島が無人であったなら、間違いなくこの島国は海人族の国になっていたことだろう。しかしすでに何万年も前から縄文人が全国各地に土着していた。さらにまた、海人族の移住と並行するように、稲作民族も大陸や半島から移住していた。当初は、これらの三者は自然に住み分けができていて、縄文人が津を核とした海浜部にあまり関心を示さず、また海人族は内陸や山間部に関心を示さず、稲作民族はもっぱら耕作に適した平野部に村落を形成していたことで、とくに対立する必要もなく、共存共栄していたと考えられる。

このような均衡が破綻するのは、稲作民族の人口が爆発的に増えたことに発するだろう。その人口を養うために新たな耕作地を他に求め、優良耕作地であればすでに別の人々が入植して集落を成していることも珍しくないだろうし、それを奪うためには武力が必要になる。稲作文化とはそういった宿命を負っている。

稲作民族はその武力によって、縄文人を制圧し、海人族を支配統治するようになる。ここにヤマト朝廷による初めての統一国家が誕生することになる。さしずめ、大陸において始皇帝が初めての統一国家として秦を建国したように、この列島にはヤマトが建国されたのだ。

先に示した『姓氏録』に録されたような氏族構成となるにはそれから数百年ほどの時間を要するが、その基盤はこの際に形成されたものであって、ここまでが「日本人」として認知される原点であって、これ以降に渡来した人々は以後も「渡来人」として処遇されることとなる。

さて海人族の裔である凡海氏《おおしあま》によって養育された大海人皇子《おおしあまのみこ》は、皇位に就くとその思想を『古事記』神話篇に明示して編纂した。その時すでに天武帝には北辰と北斗七星の認識は明確にあった。道教由来の天文遁甲や陰陽五行説、易経等を学び、東漢氏たちによって伝来された土木工学や数学の先端知識を学ぶことによって、弥生と縄文の対立軸ではなく、それを止揚する存在として北辰を位置付けたものであろう。ゆえに『古事記』は他のいかなる史書にも代えがたい上位の概念書となった。それが後々に国学、復古神道の礎となり、日本および日本人の骨格となる。観念的天皇（歴代天皇＋将来的天皇すべて）をアメノミナカヌシと見做し、今上陛下（現存天皇）を北斗七星の属星《ぞくしょう》と見做す。それが天武帝の描いた構図であろう。

吉野裕子氏は天皇は「陰陽の統合体である」と指摘した（『陰陽五行と日本の天皇』）。すなわち、五行のすべては北極星＝太一を中心に巡るものであり、太一こそは観念の天皇であるとする。これはすでに述べた天皇の語源である天皇大帝に一致する。天皇大帝＝太一＝北極星という道教・陰陽道の思想によって、天皇はこれを体現しているとするものだ。

しかし天武天皇が考えたアメノミナカヌシとは、特定の天皇個人を指すものではなく、天皇という超越的観念であろう。具体的にはそれまでの歴代天皇すべての統合体である。したがって、それは単に統合体というものではなく、陰陽を止揚した神という形になるだろう。

アメノミナカヌシにはヨリシロはない。したがって地上に祀ることはない。依り代がないのは、その本体である北極星が、毎日夜間でありさえすれば、どこからでも（正確には北半球の夜間地域でありさえすれば）、誰にでも肉眼で見ることができるゆえ、ヨリシロは不要であって、本体を直接拝礼することができるからである。

ちなみに北斗七星を属星として代々の天皇に準《なぞら》えたのも、民衆が直接拝礼することができるゆえである。北の空を見上げれば、不動の北極星の周りを北斗七星が巡っているのを見ることができる。それはあたかも北極星の七人の皇子であるかのように。そして属星は、天皇の崩御と共に消滅し、天皇の霊は北極星・アメノミナカヌシに統合される。これが天武天皇によって構想された宇宙の概念であろう。

日本人の神話観の歴史は、平安時代初頭から第一に『日本書紀』によって形成されて、次いで『旧事紀（先代旧事本紀）』に影響されている。『古事記』が日本神話のスタンダードとされるようになるのは、この二書から大きく遅れて江戸時代も後半に入ってからのことで、もっぱら本居宣長の評価によるところが大きい。

明治に入って『古事記』第一になるのも、国学者たちによる復古神道が維新の原動力の一つになったからで、いまでこそ『古事記』神話がスタンダードであるかのようになっているが、朝廷が『古事記』を秘匿したのは当然ながら理由あってのことだろう。しかしその理由が何なのかは今もって定説はない。

ただ、それが『日本書紀』と『古事記』の相違点にあるであろうことは当然で、そしてその相違点は、どうやら天孫族と海人族の立場の違いに原因があるようだ。アマテラス（阿麻弖良須／天照）を氏祖神とするか、アメノミナカヌシ（阿米能御那加奴斯／天之御中主）を氏祖神とするかで、それぞれの存在理由は大きく異なる。片や、太陽星sol/sunは大地を照らして恵みをもたらし、片や、北極星polaris/northstarは天空の一点に不動にあって海上を行く者に唯一無二のよすがを示す。

科学的知見といえば陰陽道すなわち道教の宇宙観にとどまっていた日本人が、戦国時代に主に宣教師が持ち込んだ科学的知見に接して俄《にわか》に覚醒することとなる。ある種の開拓者となった織田信長の功績は、かつての天武天皇に匹敵するもので、これを独占する政策を採用したのは徳川家康である。家康に仕えた密教僧・天海と共に密かに宮中深く秘匿されていた『古事記』を解放し、世界観・宇宙観を万人の自由にすることに成功した。江戸から明治への国家的大転換は、ふたたび海人族の胎動が大きな要因になったのだが、次章はその帰結について解読する。

第三章　北極星の天下取り……坂東武者は関東平野を馬で泳ぐ

東照宮と陰陽道

「東照宮」は、現在全国に六〇余社鎮座しており、その頂点にあるのが久能山東照宮と日光東照宮、そして世良田東照宮である。久能山は家康遺骸の最初の埋葬地であり、日光はそれを改葬して家康が永遠の眠りにつく墓地である。世良田東照宮は徳川氏の先祖の出身地とされている。これらの三社を頂点として、東照宮は明治以前には五〇〇社以上あったようだが、合祀令その他諸事情により激減した。江戸幕府が滅びたのであるからその将軍家を祀る神社の末路がそうなるのは必然であろうが、東照宮に込められた壮大な呪術×科学は、依然として生きている。

久能山東照宮から真西に約一〇〇キロメートルのところに岡崎城（愛知県岡崎市）がある。ここは家康の生誕地であり、どちらも緯度34度57分にある。家康の生誕地と埋葬地が同じ緯度にあるのは、陰陽道の相地法に基づいているとされる。

そしてその岡崎からさらに真西へ約一〇〇キロメートルの地には亀山城（京都府亀山市）がある（緯度35度00分）。この城は、もと明智光秀の居城であった。

久能山東照宮・岡崎城・亀山城、この一直線につながる東西ラインは、家康と光秀の特別なつながりを示唆するかのようである（＊拙著『天眼』参照）。光秀は築城の名手としても知られており、わが国で最初に天守閣を設計したことでも知られている。築城術に不可欠な陰陽道（方術）に通じており、天文地理にぬきんでていたとされる。その成果が亀山城で、ここは長浜などのように〝与えられた〟土地ではなく、光秀みずからが望んで得た土地であったという。

ちなみに亀山城は、大正時代に入ってから新興宗教教団の大本《おおもと》が購入し、現在はその本部となっている。教団名の「大本」という文字は見ての通り三画と五画であるが、おそらく緯度の数値に合わせて出口王仁三郎が命名したのだろう。

さて、一五一頁の図をご覧いただきたい。一目瞭然、東照宮と富士山との位置関係にはこのような仕掛けがある。久能山《くのうさん》東照宮と日光東照宮を直線でつなぐと、富士山頂がそのライン上にぴったり重なり、そのライン上には世良田《せらた》東照宮も存在する。この一直線につながるラインは「不死《ふじ》の道」と呼ばれている。

この仕掛けは家康も生前に承知していたもので、遺骸はまず久能山に埋葬し、後に日光へ改葬せよと遺命している。基本設計は〝江戸の陰陽師〟との異名もある天海僧正であろう。江戸の都市設計そのものにも深く関与した人物で、上野の東叡山寛永寺を創建してから後の経歴ははっきりしているが、それ以前については謎の多い人物である。（＊拙著『天眼─光秀風水奇譚』は彼の謎の半生を歴史小説として描いたもの。）

なお天海が地理風水や陰陽道に基づいて設計したことは、この図の呼び名にも表れている。「不死」としているのは「神となって、江戸を永遠に見守る」との意図で、すなわち久能山の霊魂が、富士山

（不死山）を経て日光へ向かうことによって永遠不滅の神霊となり、守護神になるという思想であろう。

天海は、陰陽道に基づいて江戸の街を設計しているが（後述）、その総仕上げとしてこのような仕掛けをも用意した。「東照」という名称も、おそらくは天照大神の「天照」に対応する天海の造語と思われる。アマ・テラスに対する「アズマ・テラス」ということだろう。

東照宮については、いみじくも勝海舟がこんなことを述べている。

「久能山だとか、日光だとかいふものを、世の中の人は、たゞ単に徳川氏の祖廟とばかり思つて居るだらうが、あそこには、ちやんと信長、秀吉、家康、三人の霊を合祀してあるのだ。（中略）これで織田豊臣の遺臣なども、自然に心を徳川氏に寄せて来たものだ。」（『氷川清話』より）

興味深い指摘だが、実際には海舟の言に完全に一致するのは久能山東照宮であって、日光には秀吉とともに信長ではなく頼朝が祀られている。ただ両社ともに秀吉が祀られているのは海舟の指摘通りで、その滅亡に直接手を下しているだけに政策的にも大きな意味があるだろう。また、信長、頼朝については、さらに重要な意義があるのだが、それについては後述する。

▼久能山東照宮　静岡県静岡市駿河区根古屋
【祭神】徳川家康　〈配祀〉豊臣秀吉　織田信長

▼東照宮〈通称〉日光東照宮　栃木県日光市山内
【祭神】源家康朝臣　〈配祀〉豊臣秀吉　源頼朝

▼東照宮〈通称〉世良田東照宮　群馬県太田市世良田町

【主祭神】徳川家康

なお、不死の道の中程にある小川富士（正式名は「富士山《ふじやま》」）は、埼玉県比企郡小川町にあって（標高一八三メートル）、山頂には「冨士仙元大菩薩《ふじせんげんだいぼさつ》」の石碑があるところから地元では仙元山《せんげんやま》と通称されている（＊同町内の南々東にある仙元山とは別）。この石碑は少なくとも三代目のようで、すぐ傍

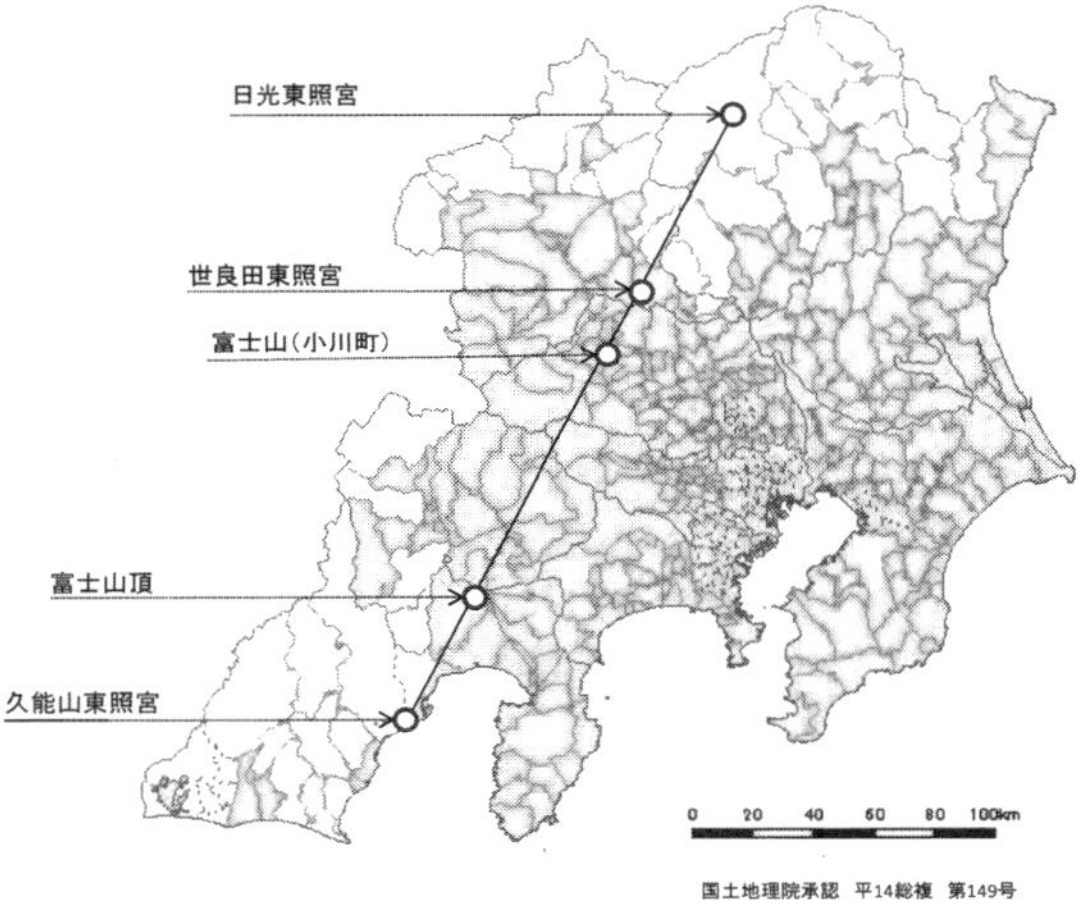

久能山東照宮と日光東照宮とをつなぐ「不死の道」

中禅寺湖の湖畔に聳える男体山

らに割れたりしている古い石碑が立てかけてある。おそらく江戸時代中頃に富士講の信者によって名付けられたのではないかと私は推測している。むろん浅間《せんげん》神社からの発想であろう。現代と事情がだいぶ異なるため、この地が「不死の道」の線上に存在することを発見し確定するのは簡単ではない。

それにしても天海は、このような「呪術」をどこから導き出したのであろうか。基本原理は陰陽道（風水術・方術）であるが、江戸・関東で天海がおこなった設計はきわめて特異なもので、単純に陰陽道に基づいたというだけのものではないだろう。ちなみに江戸で実施されたもう一つの「呪術」を見てみよう。

螺旋《らせん》の呪術

江戸には、京都にも見られない陰陽道独特の呪術が用いられている。しかもこの呪術には大規模な土木工事が前提となっている。

もともとの陰陽道（地理風水の方術）の最大の使命は「宮都の選定」である。皇居を中心とする都市を、すなわち宮都と云い、それが日本の首都である。そしてわが国の歴史上、すべての宮都は陰陽道によって定められている。最初の本格的な都城となった藤原京は、天武天皇によって選定され、その遺志を嗣いだ持統天皇によって宮都となった（六九四年）。以来、平城京、平安京はもとより、江戸、東京に至るまですべての宮都はこの技法によって選定されている。

国家の首都がそうであるならば、それに続く主要な都市や城郭、社寺等々もこれによるのは当然で、また邸宅や墓陵もすべてはその原理によっている。永く繁栄する都に最適の地を観定《みさだ》めることは、いつの時代も国家と国民にとって最重要の課題であって、それが社会の平和、経済の発展、民心の安定の基盤となるだろう。たとえば京都が、いわゆる「風水都市」であることは周知であって、その成果が宮都として千二百年もの長きにわたって継続した理由の一つだろう。しかし京都以上の強力な風水によって、江戸・東京が建設されていることはあまり知られていない。徳川の江戸が、東京と名を代えて宮都となったのは、京都に勝る風水がここに実現されていたからにほかならないにもかかわらず。

最初に江戸の地に着目し、切り拓いたのは武蔵に依拠した江戸氏の祖・江戸重継《えどしげつぐ》であった。その居館跡に城郭を築いたのが太田道灌《おおたどうかん》である。さらに江戸城を整備拡張し、江戸の町を造り、風水を完成させたのは言うまでもなく徳川家康である。

それから二百年余、江戸の繁栄と反比例するように京都は衰退した。とどめは明治維新で、帝の遷《せん》御《ぎょ》によって、ついに京都は「玉《ぎょく》」を失う。たとえ江戸に幕府があろうとも、また商業経済の拠点として江戸や大坂がどれほど繁栄しようとも、「帝」が御所に在る限り京都は安泰だったのだが、ついに遷御《せんぎょ》となった。これによって、もはや京都は形骸と化し、実質的な宮都としての意義を完全に失った。そもそも宮都の本質は、徳川である必要もなく、江戸である必要もなく、ただ最も強力な風水適地として、日本の中心であればよいということであったのだ。これは地理風水の本質でもあるのだが、優れた風水は、そこに王たる者を呼ぶ。

次頁の絵図は明和年間（一七六四〜七二年）に作られたものであるが、それ以後のすべての絵図にも共通しているのは濠の造形である。江戸城を取り囲む掘り割りが螺旋形になっているのが見て取れる。江戸・東京の掘り割りは「内堀」「外堀」と慣習上呼ばれているが、それが誤りであるということは一目瞭然で、濠は同心円にはなっていない。したがって「内」も「外」もないのだ。この街区全体を鳥瞰俯瞰することのない人々が、思い込みでそう呼んでいたにすぎないか、または幕府が政策上意図的にそう呼んだか、いずれかであろう。そしてそれが通称として定着した。

明和江戸図（江戸城を囲む水路が時計回りに螺旋形に）

なお、この事実を知り得る者たちは積極的に語ることはしなかったことだろう。なにしろ都城の地図は、当然ながら国家機密であって、手描きのものが奥深くに秘されているのみで、複製して頒布することなどあるはずもない。しかし明和年間あたりになると、すでに徳川の治世は盤石で、もはや機密にしておく必要もなくなったのであろう。実際この類の図面はこの頃から各種制作されるようになって一般に販売もされている。しかしいずれも地図としての精度は決して高いものではなく、総体的に製図技術の稚拙さをうかがわせるものであるが、濠が異常に太くデフォルメされているので、かえって街の設計意図がわかりやすいのは皮肉なことだ。濠を主軸とした街造りで、すなわちそれが幹線道路ならぬ「幹線水路」であるとよくわかる。そして、これこそが江戸の「動脈」である。

かつて太田道灌が江戸の地に城を築こうとした時、ここは利根川と荒川の河口にほど近い海辺であった。後の大手門辺りより東に町並はなく、低湿地と海が広がるばかりであった。その江戸湾に臨む台地に居館を最初に築いたのが江戸氏であって、太田道灌が本丸を建設したのはまさにその居館の跡であり、そこは後に徳川の本丸ともなる位置である。つまり最初からピン・ポイントで「風水適地」に狙い定めたものであった。

道灌から、家康、さらに秀忠、家光の将軍三代数十年に亘る大規模かつ広範囲の治水土木工事がおこなわれ、それによって沿岸部の低湿地はことごとく埋め立てられて日本橋、京橋、神田などの居住地が造成される。また城を中心に大きく「の」の字に巡る水路が、平川などの自然の河川をも利用しつつ建設されて、ついに大江戸八百八町の完成を見ることとなる（最終的には九百三町）。そしてその後も江戸の町は繁栄とともに変貌し続け、ついには人口百万人を擁する大都市となり、当時ロンドンやパリにも勝る世界最大の都市となった。つまり、東京という大都市は東京になってからのものではなく、すでに江戸時代において殷賑《いんしん》を極めていたのだ。それほどの発展をもたらしたのが「螺旋《らせん》水路」という風水呪術であるのだろう。

江戸にはその他にも数々の風水呪術が実施されている。たとえば鬼門《きもん》の守りとして神田明神《かんだみょうじん》、さらにその先に元は三社明神・三社権現と称された浅草《あさくさ》神社がある（浅草寺《せんそうじ》ではない）。江戸鬼門の守護として、上野の東叡山《とうえいざん》・寛永寺《かんえいじ》が必ず挙げられるが、寛永寺は鬼門ではない。設置したのは天海僧正の企図によるものと言われ、京の鬼門守護である比叡山《ひえいざん》にならって東叡山と名付けるなどは、いかにも天台密教僧のやりそうなことである。しかし、これは目眩ましであって、いわゆる〝風水断ち〟への対抗策である。同様に、裏鬼門の守りは増上寺《ぞうじょうじ》ではなく、山王日枝《さんのうひえ》神社である。

なお江戸風水の設計者については異説もあって、南光坊《なんこうぼう》天海ではなく、金地院崇伝《こんちいんすうでん》を挙げることもある。家康の政治に深く関与して「黒衣の宰相《こくえ》」と呼ばれた崇伝は、易占に通じていたが、臨済宗である。しかし江戸において臨済寺院はあまり重要な位置付けとはなっていないことと、家康死去の折に、崇伝は明神号《みょうじん》（吉田神道）を主張したものの、天海の権現号《ごんげん》（山王一実神道《さんのういちじつ》）に破れている。

ちなみに家康自身も、風水・陰陽道に関してはかなりの知識を身に着けていたと思われる。天海は、その家康を補佐して徳川の治世を盤石とするのに大きな役割を果たしたとされ、家康なき後は秀忠、家光の補佐までおこなっている。一六四三年に一〇八歳で死去するまで、この間の風水にほとんどすべて関与したと考えられている。

そもそも密教という非仏教的な宗教は、日本の呪術史において特異な役割を果たしている。比叡山の天台《てんだい》密教と、高野山《こうやさん》の真言《しんごん》密教、ともに「螺旋構造」を重要視しており、真言密教の開祖である空海《くうかい》が開いたとされる四国八十八カ所の札所巡りは、俗化した形で今に至っているが、本来は「螺旋」に巡って到達するものだとされる。天台密教の千日回峰行《せんにちかいほうぎょう》や、曼陀羅《まんだら》の構造も元は「螺旋」構造であったとされる。

螺旋構造は、その中心へ「気」を導き引き込むための呪術的手法である。江戸の古地図は、まるで螺旋を強調したかのような絵図であるが、その左下方に見えるのは詳細な方位図である。これは陰陽師が鑑定に用いる道具・羅盤《ローパン》と同じ構造を示している（天武天皇が用いていた六壬式盤《ろくじんちょくばん》はその原型であると既に述べた）。すなわちこの絵図は「江戸の風水図」ともいうべきものなのであって、詳細な方位図の付いた螺旋水路図こそは、強力な江戸風水の本質を象徴するものであろう。

さてそれでは、この螺旋の水路には、どのような意味があるのかというと、江戸湾から水路を経て、江戸城へ直接様々なものを搬入できるというのが現実的な利点であるが、呪術的には富士山からの気の流れを取り込んで江戸城へ集約収斂《しゅうれん》させるというのが根源的な意味である。それを水路の建設という大がかりな土木工事によって実現したもので、これが江戸風水の最大最強の根元である。

他にももちろん、四神相応《しじんそうおう》を始めとして、ありとあらゆる風水手法がこの街には用いられているのだが、これが第一であろう。たとえ「鬼門除《よ》け」のために寛永寺や東照宮が造られたのだとしても、江戸の街全体を「螺旋水路という一つの論理」で括るというダイナミックな手法はこれまで他に例がない。京都の風水で鴨川を人工的に造り出して風水を強化しているが、それでもここまで徹底した都市建設はおこなわれなかった。さしずめこれに匹敵するのは、織田信長の安土城とその城下町の建設、そして豊臣秀吉の大坂城とその城下町の建設の二例のみであろうか。いずれも強力な龍穴の真上に天守閣を建設し、往時には螺旋の構造を備えていた（いずれもその後に破壊されてしまった）。

ちなみに、安土城は信長が本能寺の変で討たれた後に程なく炎上焼失したのは、次男・信雄による放火との説が有力であるが、信雄の後見人は家康であったことを考えると意図的なものであったのだろう。大坂城は難攻不落との評価が定説であるが、家康の奸計により濠をほとんど埋められて裸城となって陥落した。両者ともに町の基本構造も破壊されて、以後は見る影もない。もちろん、城の当主であった織田家も豊臣家も衰退の一途をたどることになった。そしてこれは、典型的な「風水断《だ》ち」という手法なのである。

家康が風水・陰陽道に通暁《つうぎょう》していたことは疑う余地もないが、信長や秀吉も活用した。すなわち戦国の覇者は、武力の戦いとは別の次元で、風水の戦いもおこなっており、いわばその最後の勝利者が家康であったということであるだろう。

江戸の四神相応《しじんそうおう》

江戸風水には、もう一つ企みがあって、それは一等地の選定である。高級住宅地として有名な、東京の目白と目黒。こうして並べてみると、白と黒で対応しているので想像が付くかもしれないが、陰陽五行思想に基づいて江戸には五色の不動尊が設けられている。目白《めじろ》不動尊、目黒《めぐろ》不動尊、目赤《めあか》不動尊、目青《めあお》不動尊、目黄《めき》不動尊の五色不動《ごしきふどう》である。

江戸には不動尊を祀っている寺社は数多いが、この五色不動には「お墨付き」がある。共通するのは二点、――三代将軍・徳川家光の指定によるという点と、密教寺院（天台宗と真言宗）であるということだ。直線で方形に設計された京都とは異なり、江戸は「螺旋型」に設計された都市であると先に述べたが、五色不動はこの螺旋上に置かれている。それが右に挙げた五色不動である。これらの五ヶ所はいわゆる高級住宅地として現在も発展し続けている。（＊「五色不動」についての詳細は拙著『古事記はなぜ富士を記述しなかったのか』を参照されたい。）

これが「五色」なのは、陰陽五行に基づいているのは言うまでもないが、風水・陰陽道では、最良の地相の条件を「四神相応《しじんそうおう》」と定義している。すでに紹介したように青龍《せいりゅう》、朱雀《すざく》、白虎《びゃっこ》、玄武《げんぶ》の四つの神獣のことで、青龍は青い龍、朱雀は朱い鳥（鳳凰のこと）、白虎は白い虎、玄武は亀に蛇が絡みついている姿である。これらの四神にどんな意味があるのか、その条件の揃う場所とはどのような所をいうのか等々、少し解説しておこう。

実はあらためて私たち日本人の文化や歴史に目を向けると、四神の呼び名は、様々な場面で馴染みがあることに気付かされる。たとえば会津の白虎隊、北辰一刀流の道場・玄武館、観光地として有名な玄武洞、京都の朱雀大路など、いずれもすべて風水の四神にちなんでいる。これ以外にも四神に因んだ日本の文化事象は無数にあると言っても過言ではない。論理的には、この世に存在するすべての要素が陰陽五行に分類配当されている訳で、陰陽という二気論と、五行という五元論との組み合わせで世界は成り立っている。これが陰陽五行説の根幹である。

しかし良くしたもので、ここに何を持ってきても実はほとんど当てはまる。たとえば人体も「五臓」、地球は「五大陸」といった次第で、意味合いも五行に対応するのは不思議なほどだ。その昔、知識が特権階級の専有物であった時代には、これを知った者は等しく驚いたことだろう。「この原理こそは、世界の真理を解き明かしたもの」であると——。

ただ、驚くべき符合整合の中でも特に重要で、そしてあらためて検証の必要があるのは「四神」であろう。五行の配当が完成するはるか以前から四神の概念は存在しており、あるいは四神を基盤にして五行は成立したものかもしれないのだが、他の配当要素と比べてかなり特殊である。

さてそれでは、江戸・東京の「四神」は何をもっていうのか。第一章でも少しふれたが、ここでもう少し詳しく見てみよう。

［青龍《せいりゅう》＝神籬《ひもろぎ》］は、千葉・房総半島を意味する。

房総半島は、関東で唯一「照葉樹林」地帯であり、今もなお照葉樹の森が残る地帯でもある。神道に云う神籬は、まさしく照葉樹林のことであって、いわゆる「鎮守の森」がこれにあたる。「千葉」の名は、生い茂る豊かな緑をそのまま地名としたもので、かつては誰が見ても「千の葉の森」であった。東京都心部から直線距離では近いにもかかわらず、神奈川や埼玉のように発展することなく、近年まで神籬として良く保たれていた。

しかし残念ながらゴルフ場造成ブームという突如として始まった乱開発が房総の森を斑《まだら》模様にしてしまい、これを戻すのはかなり難しいだろう。さらにそこに産廃の不法投棄が追い打ちを掛け、今や房総の神籬は危殆に瀕している。

[**朱雀《すざく》＝産霊《むすひ》**]は、産《む》す陽《ひ》で、南の天より江戸の地を照らす日輪（太陽）を意味する。

また、風水用語では大地のエネルギーを意味する旺気《おうき》をとどまらせる水朱雀として江戸湾をも指している。

[**白虎《びゃっこ》＝磐座《いわくら》・磐境《いわさか》**]は、丹沢山地の独立峰・大山の磐座・磐境を意味する。

左図のように、江戸・東京の天心十字（四神をつなぐ十字直線）は、左回りにわずかにずれているが、これは、「恵方《えほう》」の角度に正しく重なる。なお恵方という概念は陰陽道独自のものであって、他にはない。歴代の宮都すべてが子坐午向（真北を背に南面すること）であるにもかかわらず、江戸・東京のみが恵方に合わせた天心十字である。これこそ螺旋水路とともに、日本風水の発露の証であろう。そして天心十字の交点に江戸城本丸は建てられた。

[**玄武《げんぶ》＝神奈備《かんなび》**]は、日光白根山を意味する。標高二五七八メートル、関東以北の最高峰で、江戸はこれを主山（風水用語で旺気を発する源）としている。

江戸の地に最初に注目した江戸重継も、遥かに望むこの高峰を当然視界にとらえていたことだろう。

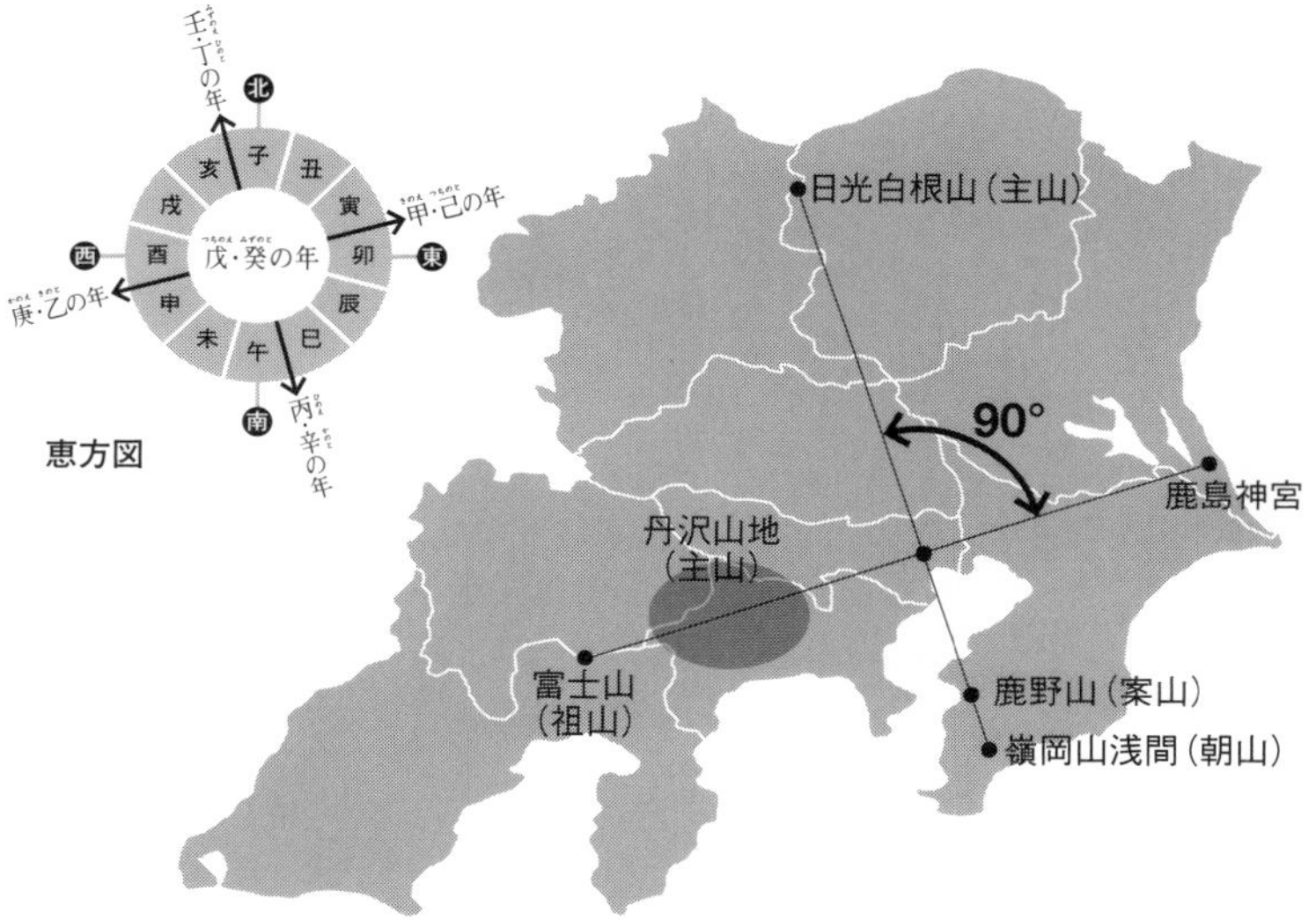

東京四神相応図（拙著『古事記はなぜ富士を記述しなかったのか』より）

太田道灌の居城を引き継いだ徳川家康は、ここを守護の要とした。そして日光二荒山神社を整備し、後に日光東照宮が築かれることになる。

　このように日光白根山そして日光三山が江戸の主山であるが、その大元となる祖山は、言うまでもなく**富士山**である。坂東風水の中心である富士山より発する龍脈（山脈の尾根。旺気は龍脈を伝って走るとされている）は、南アルプス、八ヶ岳、丹沢山地によって四囲に流れる。江戸は富士の旺気に抱かれるように位置する最高度に恵まれた明堂とされ、この明堂の霊気を支えるのは南に位置する水朱雀たる江戸湾、そしてその先に案山たる鹿野《かのう》山《ざん》と、朝山たる嶺岡山浅間が控えて、風水適地を形成しているとされる。ちなみに鹿野山の山頂には真言密教の霊場として有名な神野《じんや》寺《じ》があって、ここは家康によって手厚く保護されて大いに発展した（案山、祖山、朝山はいずれもシナ風水・朝鮮風水の用語で、四神を体現するとされる山)。

このように、東京の風水は富士山に依拠しており、だからこそ江戸重継も太田道灌も徳川家康も、この地を選んだのであろう。そして天海は、それを発展的に利用した。その解答が、江戸のほぼ真北に家康を祭神とする神社を創建して、北極星たるアメノミナカヌシ神を背負うことである。北極星は不動であると共に、不死であると考え、同じ位置にとどまったまま永遠に輝き続ける。家康は、その化身と一体になって、江戸を永遠に見守ることを考えた。

よみがえる「海人族の科学」

螺旋水路こそは江戸の発展の第一の原理であると先に述べたが、残念ながら現在の東京はこの形状をとどめておらず、濠はあちこちで埋められて寸断され、皇居の周囲を除けば、あとはコマ切れの溜め池にすぎない状態である。「内堀」「外堀」などという呼び名が現代において定着しているのは、この所為もあって、現在の東京都内の地図を眺めても、もはや「螺旋水路」を見て取ることは困難である。

さてそれでは、「螺旋水路」の失われた東京は弱体化しているのかというと、むしろ逆の現象が起きていて、周知のように東京はあらゆる意味で最高度に発展しており、それを裏付けるかように、風水もより強力になっている。その理由は、「鉄道」と「道路」が水路に替わってその役割を果たしているからであろう。

かつて水路は、都市の経営にとって重要な機能の最たるものであって、とりわけ江戸と大坂においては基幹交通路として活用され、平時は経済活動の動脈として、また非常時は防衛線ともなっていた。

明治に入って社会インフラは急激に変化し、それにともなって水路の役割もまったく変わった。鉄道が発達してまず物資の運送運搬機能が失われ、さらに道路と各種車輌の急速な発達は、水路をほとんど無用のものと化した。

存在意義が希薄になれば、風水の意義も希薄となるのは当然で、それが人工施設の宿命である。もともと存在する大自然の「四神」は、人間社会がいかに変化しようとも基本的には不動であるが、四神相応を図るために人工的に整備造作されたものは、環境が変わって意義に異動があれば当然変わる。たとえば京都の鴨川の意義が希薄となったのも時代の変化、社会の変化の故であった。この青龍が土木工事によって建設されたのは時代が求めていたからであって、したがって時代が移り変わればその価値も変わる。いまや鴨川は、どぶ川時代を経て、飾りものの観光資源になってしまった。

東京の隅田川や神田川、石神井川なども同様で、もはやそれらの水路は、日本の文明や社会の発展にとって絶対条件ではなくなった。ヴェネツィアのような水上都市であるならいざ知らず、現代の都市にとって水路はもはや補助的な機能でしかないのだ。より大きな経絡《けいらく》(脈)に、より強い「気」が集まり伝わるのは原理的必然であって、いま最も強い「気」は、最も大きな幹線道路や幹線鉄道によって導かれているということになるだろう。東京には「環状線」と称されている鉄道と道路が建設され、それらは今もなお生長し続けている。そして関東・東京の気の流れは、ひたすら丸の内界隈、大手町界隈を目指すようデザインされていて、その手法のパイオニアが天海である。

天海の呪術の特徴は、すべての機能を富士山に収斂させることにある。富士山をすべての根源に位置付けることで、これまでの陰陽道(風水・方術)とは異なる原理を生み出している。奈良にも京都にも、富士山に匹敵する神奈備は存在しなかった。秦の始皇帝以来、シナ江南の人々や南海の海人族が渡来して来たのは、ひとえに富士山を蓬萊山と見做していたことによっている。（＊富士信仰の詳細は拙著『古事記はなぜ富士を記述しなかったのか』を参照されたい。）

家康は、天海と共に二荒山《ふたらさん》に遺骸を納め、北極星すなわちアメノミナカヌシ神を背に、陰宅風水として真南の江戸を守護する神霊となったのだ。この呪術構想を家康・天海が考えついたのは、構造上「大極殿《だいごくでん》」に倣ったものであるだろう。当然ながら、天武天皇の構想を東国坂東で利用しようということであろうし、すなわち日光東照宮は天子の玉座（高御座《たかみくら》）ということになる。

現在、奈良・平城宮跡に原寸で復元されている「大極殿」は、唐の長安城・太極殿に倣ったものである。長安城のものは易の「太極」に基づいていることは紛れもないが（道教の太極も元々は易由来）、日本で「太」の字が「大」になっている理由は明確にはなっていない。意味上は日本の大極殿も太極であるので、本来は文字も同一であるべきはずだが、それ以前に推古天皇の小《お》墾田宮《はりだのみや》においてこれに相当する「大殿」と呼ぶ施設が設けられているところから、これを継承して名付けられたとも考えられる。また唐との違いをあえて示すという意味もあったかもしれない。

藤原京以来、歴代の日本の宮都には中核施設として大極殿が設けられているが、むろんこれら日本の大極殿も本来は太極殿であるだろう。いうまでもなく陰陽道の根本原理である太極を宮殿の中核の施設に当て嵌めて、そこで祭祀をおこなう天皇が太極と同一であるという構図を見せるものである。

最初にこれを設けたのは、天武天皇が飛鳥浄御原宮《あすかのきよみはらのみや》においてであろうとは記録によって推測されるが、その時にはまだ宮殿構造として完成しておらず、構造様式として整ったのは次の藤原宮《ふじわらきゅう》・持統天皇の御代である。さらに平城宮《へいじょうきゅう》においてその造型形式は完成される。その後、天武の皇后の鸕《う》野讚良《ののさらら》が第四十一代・持統天皇として即位し、以下第四十八代・称徳天皇まで代々天武系の天皇が続いたことで平城宮は陰陽道の宮都として続くのだが、ここで天武系の血筋が途切れたことによって激変することになる。

次の第四十九代・光仁天皇（白壁王）は、天武系の血筋に天皇に相応しい者が現れるまでのつなぎの傀儡として、当時としては例のない高齢（六二歳）での即位であった。天智天皇の孫にあたるが（天智の第七皇子の第六皇子）、殿上界《てんじょうかい》ではほとんど無力であったゆえに一代限りの代役と考えられていたようである。ところが長男（第一皇子）の山部皇子が藤原氏に擁立されて皇太子となり、そのまま即位して第五十代・桓武天皇となった。天武系から天智系への、これが大きな政変であったことはご存じの通りである。桓武天皇は、長岡京へ、さらに平安京へ遷都をおこない、以後一千年に及ぶ、日本最長の宮都を建設することになる。

大極殿は宮城の中で最大の建築物で、陰陽道の理念を体現するものだ。しかし歴代の宮城の大極殿は一つも残っていない。平安宮の八分の五の縮小サイズで復元された平安神宮があるのみだ。

甘樫《あまかし》の丘の展望台から一望できる大和三山——畝傍《うねび》山、耳成《みみなし》山、天香久《あまのかぐ》山——まさに四神相応の地である。天武が造り上げたわが国初の本格的な都城はこの地である。

飛鳥浄御原宮《あすかのきよみはらのみや》は、天武元（六七二）年から二十二年間、都であった。ここで大海人皇子は即位して天皇になった。

藤原宮《ふじわらきゅう》は、持統天皇八（六九四）年から十六年間、都であった。ここは天武帝の設計になるわが国初の本格的都城であり、これ以後の都城はすべてこれに倣うことになる。

そしてこの後、大和に遷都し、さらに大規模な建設がおこなわれる。

平城宮《へいじようきゆう》は、和銅三（七一〇）年から七十四年間、都であった。

ここまでがいわゆる「天武朝」の都である。東漢《やまとのあや》氏のすべての技能が発揮され集約されている。一族の総力を上げて天武朝を支えるのが、彼らの役目であった。天武八代、すなわち第四十代・天武から、持統、文武、元明、元正、聖武、孝謙、淳仁、称徳まで七人八代によって営まれた政権は、東漢氏の高度な知識と先端技術によって支えられた。

二社一寺による江戸の守護

江戸に国替えとなった家康は、江戸＝関東を徹底的に調べ上げた。その上で、京や大坂では困難であったインフラ整備を大前提とする街造りをおこなう。江戸湾北西部の埋め立て、治水、上水道、五街道（江戸・日本橋を起点に伸びる東海道、中山道、日光街道、奥州街道、甲州街道）の整備、江戸城を中心とした水路の整備、これらを江戸湾、荒川、多摩川、利根川などの水運を活用して京・大坂とは比較にならないほどの大規模な開発をおこなった。この開発こそが、その後の江戸の繁栄をもたらし、さらには東京という世界的な大都市として発展する礎になる。

一六一頁の図で示したように、四神をつなぐ十字直線（天心十字）の交点に江戸城本丸は建てられた。そして、江戸城のはるか真北には日光輪王寺があり、この北側に二荒山《ふたらさん》神社が、そして後にその中間に東照宮が創建される。合わせて二社一寺と称し、また全体を日光山と総称する。江戸の守護である。

▼**二荒山《ふたらさん》神社**（日光二荒山神社）　神体　日光三山（神体山）
本　社　栃木県日光市山内／神護景雲元年（七六七年）創建

中宮祠　栃木県日光市中宮祠／延暦三年（七八四年）創建
奥　宮　栃木県日光市中宮祠二荒山／天応二年（七八二年）創建

【主祭神】二荒山大神（大己貴命《オオナムチ》、田心姫命《タゴコロヒメ》、味耜高彦根命《アジスキタカヒコネ》の総称）

二荒山神社は「延喜式神名帳」（九二七年完成）にもすでに録されている古社（式内社）であり、下野国一宮である。二荒山を神体として往古より日光の地に鎮座し、広く信仰されてきた。

「当社の境内地は面積凡そ三千四百町歩に及び伊勢神宮に次ぐ広大な境域で、日光連山の主峰男体山を始め、女峰山、太郎山、大真名子山、小真名子山、前白根山、奥白根山の諸山は夫々《それぞれ》神体山として気高くそそり、鬱蒼たる原始林に囲まれ華厳滝、白雲滝、般若、方等七滝等名瀑がどうどうと千古の神韻を轟かしている。此等の地域は悉く神域たると共に日光国立公園の中枢となっている。」（「二荒山神社御由緒」）

二荒は「にこう」と読んで日光の語源ともなっているように、日光全体の土地神である。輪王寺も東照宮も、その神威にあやかって創建開基したものである。

▼輪王寺　栃木県日光市山内　天平神護二年（七六六年）創建
【本尊】阿弥陀如来、千手観音、馬頭観音

天台宗の門跡寺院である。山内の奥に、中興の祖として、天海を祀る慈眼堂がある。

坂東武者たちの北極星

一六一頁の「東京四神相応図」をあらためてご覧いただきたい。江戸の真北に日光はある。ただし図のように、江戸城を中心にすべてが逆時計回りに一五度回転している。これは関東の風水四神がそうなっているためで、すべてはこの構造に合わせて設計されている。図のとおり、富士山頂と鹿島神宮をつなぐ直線と、日光白根山と鹿野山とをつなぐ直線の交点に、江戸城（現・皇居）は位置している。

なお日光東照宮は白根山の東側手前にあって、江戸の真北に位置している。すなわち、江戸方面から日光東照宮を仰ぎ見ると、陽明門の真上に北極星を望むこととなる。すなわち、日光東照宮を拝礼することは、北極星（北辰）を拝礼することになるのだ。そしてそれは、祭神である徳川家康、豊臣秀吉、源頼朝をも拝礼することになる。（＊ちなみに久能山東照宮の祭神は徳川家康、豊臣秀吉、織田信長。上野東照宮の祭神は徳川家康、徳川吉宗、徳川慶喜。）

江戸風水が、真北に聳える二荒山を祖山としていたことは、家康を埋葬し、東照宮を創建したことからも明白であるが、真北は四神の玄武であるから、江戸においては古くから北辰信仰の対象ともなっている。また、日光白根山は、四神の玄武として江戸開府以来設定されている。

なお、徳川が転封されて三河武士が居着くはるか以前から、関東は頼朝恩顧の坂東武者たちが覇を競っていた。古来、伊豆・三浦から房総・常陸に至る太平洋岸には海人族が居着き、その流れを汲む氏族は日本一広大な平野において領地を切り取るのが習いとなっていた。その過程において発達したのが馬術であって、相馬野馬追祭りに面影をとどめているように、坂東武者の戦闘は騎馬戦が基本の形態で、戦場においては騎馬武者が主役であり、刀槍よりも馬上からの弓射が最大の武力であった。

そして関東平野という日本一の大平原を、さながら海原を泳ぐかのように夜を徹して疾駆するのを常の習いとする。とすれば何よりも重要になるのは北極星ということになる。なにしろ晴天の夜間でありさえすれば、三百六十五日、必ず同じ位置に視認できるのだ。北極星さえ視認できれば、夜間の活動も迷うことはない。

関東平野においては、昼間は富士山が指針であるが、夜間は北極星が無二の指針となる。灯火や松明《たいまつ》を掲げて夜間に戦闘をおこなう夜襲は坂東武者の好むところであった。どこまでもひたすら続く原野において、目印となるのは昼は山（富士、浅間、二荒山、筑波山）であるが、日が落ちてよりは北極星および北斗七星のみが頼りである。北辰信仰・妙見信仰はそんな環境で浸透した。星を家紋とした氏族が坂東武者に見受けられるのもそんな所以あってのことだろう。千葉氏の「月星」家紋はその典型で、千葉周作の北辰一刀流・玄武館道場の名と共に今では広く知られている。

そんな千葉氏の氏神である千葉神社は、アメノミナカヌシ神を祀っている。千葉氏が海人族の裔であることの証左の一つであろう。

▼千葉《ちば》神社（通称　妙見様）　千葉県千葉市中央区院内

【祭神】天之御中主大神（妙見さま）（配祀）經津主神　日本武尊

「千葉神社参拝のしおり／御由緒」には次のような記述がある。

「千葉神社の主祭神・天之御中主大神さまは、昔から妙見尊星王として広く崇敬されております。千葉氏の祖・平良文が、この妙見尊に祈願して、戦うごとに御加護をいただき、常に大勝利を得ておりましたので、千葉家では代々守護神として熱烈な信仰をささげてまいりました。大治元年（一一二六年）に千葉家七代常重が、当地の前身である北斗山金剛授寺妙見堂に御尊体をお移し申し（以下略）。源頼朝も当社に参詣し、自筆の願文、太刀、武具などを奉納（以下略）。また、日蓮上人が宗門弘通の誓願をたてて当社に参籠した時に、ありがたい奇瑞をいただきましたので、この妙見尊こそはわが宗門の守護神である、と讃嘆され、誓願成就の後に、細字法華経を自筆して奉納。徳川家康も当社に深く崇敬の誠をささげ、大久保石見守に命じて祭祀の料田として永代二百石を寄進され、十万石の大名と同等の格式を賜りました。」

なお、千葉神社は別名「妙見本宮」と称している。

「千葉神社の妙見本尊と全国鎮座の千葉氏縁故の妙見社との間柄は、御本霊と御分霊との関係ということになりますので、当千葉神社では、そういう意味での妙見本宮という呼称を名乗らせていただいております。」

関東全域に「星神社」「妙見信仰」を広めたのは千葉氏や三浦氏を始めとする坂東武者たちである。彼らはかつて定住地を求めて未開の関東へ入植してきた海人族の末裔であって、先祖代々「星に親しむ人々」であった。とりわけ北極星および北斗七星は、いわば彼らの氏神であるところから、関東各地にその信仰対象として社寺を創建したものであろう。江戸時代の関東こそは北極星信仰＝アメノミナカヌシ信仰の中心地であったのはそのような理由もあったのだ。

これを利用する計画を立案したのが家康×天海である。彼らは陰陽道の呪術・技術を援用することによって、ここに「東国」という一大統治装置を建設したのだ。そしてこの国は、一種の〝鎖国政策〟によってその後二六五年間続いた。この間、天皇は京都に幽閉状態であった。

東国は、鎌倉時代に源頼朝が海人族による建国を試みて（北条義時・泰時が引き継ぐ）、安土桃山時代に織田信長がさらに推し進めたが、その死によって頓挫した。しかしついには徳川家康が成し遂げた海人族による海人族の国である。日光東照宮には家康のほかに頼朝、信長が祭神として祀られているのはこの由来に因るものであろう。

武士階級が権力を獲得して国を支配したこの間の政治形態を「武家政権」というが、その実態は、源頼朝による鎌倉幕府の樹立から、江戸幕府の終焉までの約七〇〇年間にも及ぶものであった。すなわち「武家の世」は、伊豆の北条、相模の三浦、尾張の織田、三河の松平（徳川）という海人族の裔《すえ》たちによって成し遂げられたのだ。

ただ、家康×天海が最終的に成し遂げたのは、あくまでも東国での建設であって、京の都は放置された。天海が発見した「天武の秘策」を、家康は矮小化してしまったのだ。アメノミナカヌシ神を、本来は宇宙を主宰する唯一神となすべきところを、日本という島国の、さらには江戸を中心とする東国関東の守護神に落魄させてしまったのだ。それが徳川家康という人物の限界であったのだろう。

江戸時代後半になると、薩長土肥を基盤としていた各地の海人族の裔たちは、あらためて海の彼方へ目を向けるようになる。海人族の氏神であるアメノミナカヌシを神々の頂点に掲げた復古神道を原動力とすることによって、まったく新たな次の段階へと移りゆくことを決意することとなるのだが、それが明治維新の真相である。そして都は江戸へ遷り、千代田城は宮城すなわち皇居へと変換された。その新日本の「元首」には、すでに即位していた睦仁《むつひと》天皇（孝明天皇の第二皇子）が就くこととなった。王政復古である。

しかし実は、王政復古は海人族による日本国制覇とは相容れないものだということに間もなく気付かされることになる。

神道の起源

復古神道が、『古事記』に回帰することであることは当初から平田派の国学者たちによって大いに喧伝されていた。言うところの復古とは、賀茂真淵・本居宣長の古学（国学）によって成し遂げられたもので、『古事記』を聖典とする本来の純粋な神道（惟神道《かんながらのみち》）に復することである。

しかしながら当時の神道は、その意味・概念は用いる人によってかなり異なり、学説としてもその概念が定まっているとは言い難い状況にあった。

たとえば現代においては神道を論ずる際には時代ごとに区分するのが苦肉の策として採用されていて、いわく、古代の神道、中世の神道、近世の神道、近現代の神道、といった区分である。現代の神道は明治期に確立された「神社神道」がベースであるのだが、戦後の政教分離や宗教法人化などの直接的な影響で（なにしろこれらは神道がターゲットであったのだ！）、さらに変化を遂げている。つまり、たかだか百数十年の間でも、江戸時代の「神仏習合神道」や「吉田神道」から、明治の「国学神道（俗に〝国家神道〟とも）」、そして戦後の「宗教法人神道」へと変転しているのだ。「神道」というものが、海外の「一神教」のような固定された信仰ではないことが判然とする。よく言えば柔軟であり、誤解を怖れずに言えば原始的信仰（宗教以前）故であるだろう。

しかし実は、そのような万華鏡のような「神道」にも、不変の一貫する本質があって、「神道」を論ずるのであれば、そこにこそ焦点を当てなければならないだろう。それは、何かといえば、「縄文人の信仰（縄文時代の神信仰）」である。これこそが「随神道《かんながらのみち》」であって、古代より現代に至るまでのすべての時代の神道にも引き継がれている本質であり原形である。これに比べれば、社殿建築や儀礼祭祀などは二義的な要素に過ぎない。そして、「かんながら」とは和訓であり、ヤマト言葉である。これに対して「しんとう」は漢語であり、漢音である。

「『随神《かんながら》』とは、惟神、神随、乍神、神長柄、神奈我良、可牟奈我良とも表記される。神のままに、神として、神であるがゆえに、神の意志のままになどと解釈されている。」（『神道事典』國學院大学日本文化研究所）

これらに「道」を付けることによって神道そのものを意味する言葉として使われるようになったのは明治に入ってからであって、わが国にはもともと「神道《しんとう》」という言葉はなかった。

神道は漢語であり音読みであるから、古い言葉でないことは言うまでもないが、それは、必要がなかった、ということでもあった。そのものをあえて呼称する必要もないほどに自然にあったということである。他の何ものかと区別する必要もなかったのだ。

しかし仏教が入って来たことによって、対抗上呼び名が必要になった。その時の私たちの祖先の意識は、「神代の昔から続く信仰心」という意味で「かんながらのみち」と呼んだ。そして様々な漢字が充てられた。それから長い時間が経過して、最もシンプルな形の「神道」に落ち着いたのである。

「神道という語は、《易経》の観の卦の彖《たん》伝に、〈天の神道を観るに、四時忒《たが》はず。聖人神道を以て教を設けて、而うして天下服す〉とあるのが初見とされ、人間の知恵では測り知ることのできない、天地の働きをさす語であった。そしてその後、神道の語は、道家や仏教の影響下で宗教的な意味を持つようになり、呪術・仙術と同じような意味でも用いられた。漢字・漢語の受容によって表記が可能になった日本では、《日本書紀》の編述に際して、用明天皇即位前紀に〈天皇、仏法を信《う》けたまひ、神道を尊びたまふ〉とあり、孝徳天皇即位前紀に〈(天皇)仏法を尊び、神道を軽《あなず》りたまふ。生国魂社の樹を斮《き》りたまふ類、是なり。人と為《な》り、柔仁《めぐみ》ましまして儒を好みたまふ〉と見えるように、神道という語が、仏教、儒教に対して土着の信仰をさすことばとして用いられている。」(大隅和雄「神道」『世界大百科事典』)

古代史、神話を考究すれば、やがては「縄文の神」というテーマにつながってゆくのは必然のことであろう。日本の神・日本の信仰が、この風土に根差していることは当然だが、そのことは現代に生きる私たちが古来、風土によって呪縛されてきたことを意味する。ここでいう呪縛は、束縛されるというようなネガティブな意味もあるのは否定しないが、ポジティブに造形されてきたという意味をも賞揚したい。

私たち日本人は、縄文の血脈を確かに受け継いでいる。縄文の血脈をアイヌや隼人、琉球などに限定するのは誤りで、それは広く日本人全般に受け継がれている。

その証左は「ヤマト言葉」にある。

本書のまえがきでもふれたように、もし渡来の異民族によって征服され、縄文人が駆逐されたとするならば、言語も入れ替わっているはずである。しかしそのような事実はなく、私たちは縄文人と通底する「ヤマト言葉」を今なお用いている。ヤマト言葉こそは縄文時代から弥生以後のすべての時代を貫いて私たちを日本人たらしめている源泉である。この力を、コトダマ(言霊・言魂)という。

本居宣長をはじめとする国学者たちが『古事記』をもっとも尊重したのは、そこには他の歴史書と違って、古代日本人の無垢な心や素朴な言葉がそのままそっくり記されていると考えたためである。このような〝心ある言葉〟には「霊力」「神威」がそなわっているとされ、これを古くから「コトダマ信仰」と呼んで来た。コトダマとは言霊、言魂などと記す。日本は「コトダマの幸《さきわ》う国」であって、言葉の霊力が幸福をもたらす国、美しい言葉によって幸福がもたらされる国とされる。『新約聖書』に、「太初《はじめ》に言《ことば》ありき。言《ことば》は神とともにあり、言《ことば》は神なりき。」(「ヨハネ伝」)とあるのも同質の信仰であろう。

神道で祝詞《のりと》を奏上するのは、神と人との橋渡しを、その霊力によってなすという意義がある。仏教で読経《どきょう》するのも、基本的には同じはずで、いずれもたいへん耳に快い響きをもっている。これは、極限にまで昇華され凝縮された言葉のもつメロディー、そしてリズムといったものの効果である。すぐれた音楽が人間の心を突き動かすように、すぐれた言葉も魂を呼び覚ます。そして、言葉には計算しきれない力がある。だから、私たちの先祖たちは言葉は神のもの、また神の意志であるとも考えた。

欧米にも古い文学形式で「ソネット」などの韻律詩はあるのだが、日本の「短歌」ほどに突き詰められたものではない。「短歌」は、「歌道」と称して、単なる「言葉遊び」以上のものにまで達したことも、その証左であるだろう。すなわち、言葉は人間によって発せられるが、ひとたび発せられたなら、今度は発した人間自らを揺動するほどの〝力〟をもつ。そしてこの信仰、この思想は、別に古い言葉だけに限らない。たとえば文学作品一つをとってみても、すぐれた作品の言葉遣いや形式なども同様であり、さらには言葉そのものさえが時代とともに移り変わる。しかし、それでもその本質を見失なうことがなければ、言葉の〝力〟も失われることはない。

古い文学作品、たとえば『万葉集』や『源氏物語』は、現代人が読んでもじゅうぶんに感動が伝わって来る。しかし、どこまでいっても、その時代に生きた人々の感動をそっくりそのまま追体験することは不可能である。私たちは、どのみち「私たちの万葉集」「私たちの源氏物語」としてしか体験できないということで、それは言語のもつ「時代性」の宿命である。もし仮に、「古い日本語」ばかりを良しとするなら、さらに「古い」日本語の源（ウラル・アルタイ語系といわれる）はいっそう良いということになる。それならば、その源からは「万葉言葉」「縄文語」さえもが新奇であって、貶視せざるを得なくなる。それは、すなわち「神」を「人」が限定する振る舞いで、これほどの矛盾はない。「コトダマ」を、人間が限定することはできようはずもない。

とはいいながら、どんな言葉でも同じ「コトダマ」があるということではない。すぐれた言葉には「すぐれたコトダマ」が、また聞き苦しい言葉には「悪しきコトダマ」がともなうはずで、だからこそ「言葉遣い」は「その人そのもの」である。

なお、『日本国語大辞典』には補注として、以下が見える。

「〈神〉の語源を〈上〉とする説がかつて行われたが、〈神〉のミが乙類であるのに対し、〈上〉のミは甲類であるところから別語と考えられる。」

しかしその後の研究で、「隠（カム）」から、「上（カミ）」も「神（カミ）」も両方別々に誕生・成立したという説が唱えられ、これが今ではほぼ定説となっている。つまり「隠れた（亡くなった）人」が「神」になるという神道の基本は「カミ」の語がすでにして示しているということであるだろう。

幻の大和心《やまとごころ》

維新の思想的原動力として「復古神道」ないしは「国学」がこれまでしばしば言及されてきた。国学はすでに賀茂真淵・本居宣長によって評価は定まっており、本居の没後の弟子を称する平田篤胤およびその弟子たちによって継承および復古神道へと進化したとされる。本居宣長も考究を断念したアメノミナカヌシ神の存在に篤胤はあらためて着目し、それが復古神道へ直結したとの説もあるが、この論理整合には疑問が残る。そもそもアメノミナカヌシという存在と、それ以後の神々、とくに神代七代の説き起こしを、その著『霊能真柱《たまのみはしら》』（上下二巻）によっておこなったとされているが、本書はそのような趣旨のものではない。

『日本書紀』を漢意《からごころ》、『古事記』を大和魂《やまとだましい》（真心《まごころ》、大和心《やまとごころ》）と捉えて、『古事記』を唯一最優先としたのが真淵・宣長の国学であって、篤胤の姿勢は彼らとは決定的に異なるものである。ところが篤胤は『霊能真柱』（上巻）においては次のように述べて国学の見解に同調している。


「その産霊《むすび》は、いともいとも霊《あや》しく奇《くす》しく、妙《たえ》なるものにして、更に尋常《よのつね》の理《ことわり》を以て、測《はかり》知る限りにあらず。（然るを漢人など、この天地の始《はじめ》を、かの大極・陰陽など云ふ小理を以て、かしこげに説作《ときなす》は、皆この産霊《むすび》の神霊《みたま》によりて、生ることを知らざる故の妄説《みだりごと》なり。）」


右引用の大半は（　）内に記す但し書きであるが、この手法は宣長の『古事記伝』等において多用されているスタイルで、そもそも『霊能真柱』上巻は、内容も『古事記伝』付録の「三大考」に酷似するものである。末尾にいう「次の図」とは一七九頁図の左側になる「平田篤胤の宇宙構造図」であるが、この図も、その右側に掲げたように「三大考」をそっくり踏襲したものである。

ちなみに同書は上巻と下巻でまったく異なる世界観を展開しているという不可解な著作である。

上巻は、宣長の『古事記伝』の付録として服部中庸《なかつね》が記した「三大考」の再現であって、そこに多少の独自の見解が挿入されている（新たに書き起こす意味があったかどうか後に疑問が提示されている）。

下巻は、上巻の思想とは何の関係もない別の趣旨で貫かれており、アメノミナカヌシを創造神と位置付けているところは、大和心《やまとごころ》であるどころかむしろ西洋寄りの漢意《からごころ》に近い発想であろう。また、突然ここに顕界と幽界の二元論が登場し独自の想像によって展開されるが、これも仏教・道教、さらには景教（いわゆる原始キリスト教）の理念構造を流用したもので、上巻で縷々と述べてきた天・地・泉の宇宙構造と整合しない。下巻には、百姓民衆の祖先崇敬といった側面も記されていることを評価する論調が近年見られるようになっているが、これは現状追認の余録であって、本巻の主旨からは逸脱している（下巻後半は論拠を示さぬままに、罵詈誹謗を書き連ねているくだりが異様に目に付くところから、平田学＝平田教の信徒ともいうべき同調者にはさらにその感情を増幅するアジテーション効果はあったかもしれないが、白紙の状態で接する者を納得させるようなものではない、……と、つい私も篤胤文脈につられるところであった）。

かねてより篤胤は、記紀を筆頭とする古典籍（古伝）の伝承記録が相互に差異のあることに疑義を抱いており（＊本書でもすでに触れているが、目的・読者によって書き分けられているにすぎない）、それらの差異を篤胤独自の解釈によって取捨選択し、「一つ」に確定しようと考えていた。この考えに賛同した門人達の協力を得て、文化十八年十二月五日より年末までの一月足らずの間に一気に書き上げたのが、『古史成文《こしせいぶん》』と『古史徴《こしちょう》』および『霊能真柱《たまのみはしら》』（草稿）である。

『古史成文』は、『古事記』上巻と『日本書紀』神代巻の内容を合体して日本神話を一つに再編成したものであり、『古史徴』（死後『古史伝』に改編）はその編纂根拠を述べたものである。

これらの三書を、篤胤は年末の一ヶ月弱でほぼすべて書き下ろしたというのは驚異的な労力である

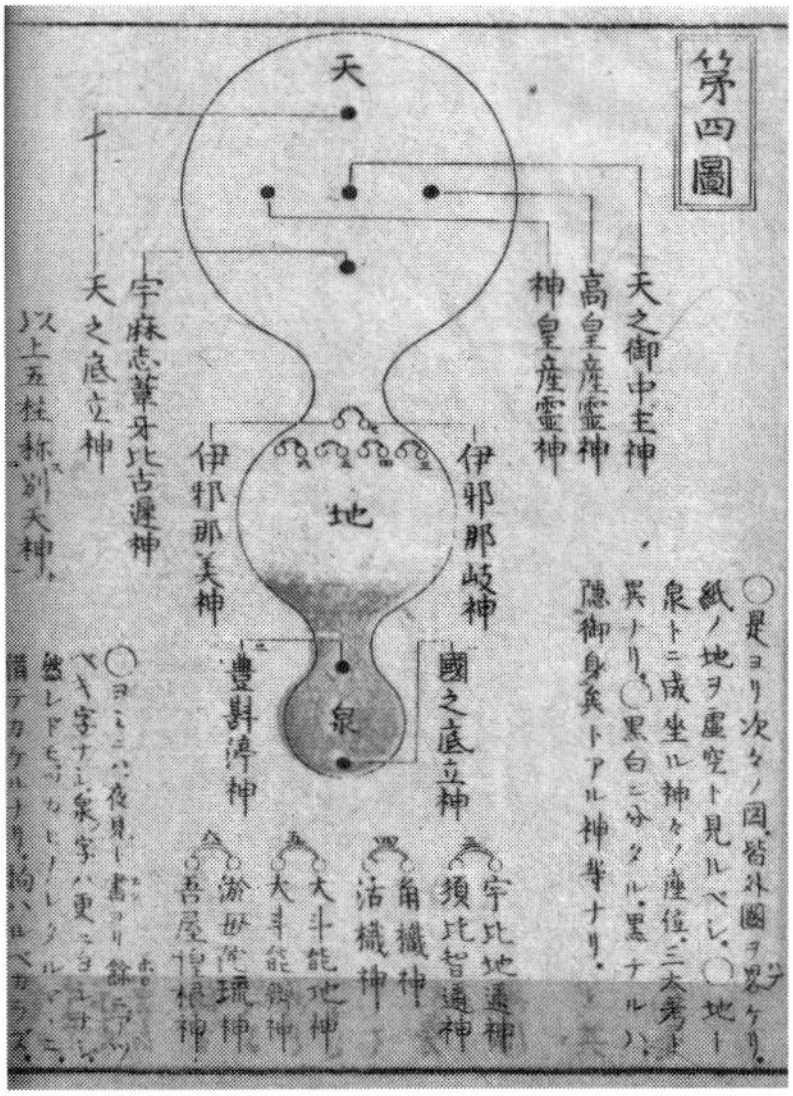

平田篤胤の宇宙構造図（『霊能真柱』より）

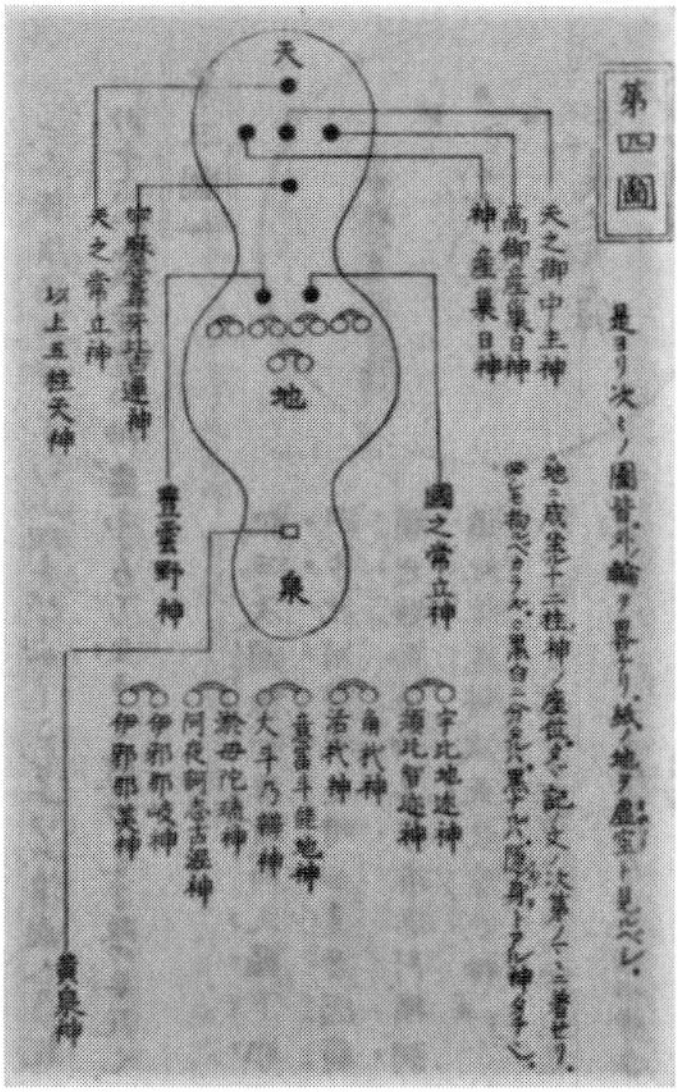

服部中庸・古事記伝宇宙図
（『古事記伝』十七付録「三大考」より）

が、その研究姿勢はきわめて乱暴なもので、少なからず問題を孕んでいたことは否めない。ただしそれは、彼が学究の徒たらんとしたのではなく、思想家あるいは宗教家たらんとしていたことに所以があるのかもしれない。記・紀のいずれかに依拠するのではなく、それぞれの都合の良い部分を抜き出して継ぎ接《は》ぎしており、これについていかなる根拠理由を述べようとも、ご都合主義の誹《そし》りは逃れまい。『古史成文』の日本神話はもはや創作であって、その編纂説明書たる『古史徴』は独断の弁明書にしかなっていない。これについては、近年に批判的論考も目立つようになっている。

「篤胤は宣長のように本文批判には忠実でなく、《古史成文》は《古事記》《日本書紀》などの本文を任意に取捨選択したテキストであり、本書の注釈態度にもきわめて独断的な傾向がある。」（野口武彦

「古史伝」『世界大百科事典』）というような指摘もしばしば見かけるようになった。

これには私もほぼ同意見で、本書第一章において引用した（二〇一―二二二頁）宣長の一文「御中主」の文献学的考証を反復するまでもなく、語彙の厳密な解釈を篤胤はほとんど放棄しており、記紀の神話記述の取捨選択については自分の論旨によりふさわしいほうを理由も示さずに選び取っており、注釈については多様な比較などはほとんどおこなうことなく自己主張をしている。

そもそも国学は馬淵・宣長によってほぼ完成の域に達しており、別段、篤胤によって再編も進化もされる必要はなく、はっきり言ってそれが不可能であることは篤胤の著作を見れば明らかであろう。

ちなみに篤胤は「宣長の没後の門人」を自称しているが、そもそもこれが誤解のもとになっている。没後の門人という言い回しは明らかな言語矛盾であって（レトリックに過ぎない）、生前でなければ門人になれないことは自明のことで、本人の了解なく継承者を名乗って良いはずもない。第三者が「篤胤は宣長の没後の門人のようだ」と個人的感想を述べるのは勝手だが、自己正当化は死者を冒瀆するもので決して許されるものではない。

いうまでもないことだが国学は漢意《からごころ》を排除し、大和《やまと》心に回帰せんとするものである。『霊能真柱』上巻は、それを踏襲しており、右の引用においても主張されているように、漢意を執拗なまでに非難している。しかし篤胤の目指した方角は思わぬところへ到達する。

復古神道の真相

アメノミナカヌシが天武天皇による後付けであろうことはすでに指摘した。もともとの日本神話は、ムスビの二神より発するもので、この二神の象徴するものが弥生と縄文に相当するのか、あるいは陰陽か、他のいかなる二元論を示唆するのかはともかくも、アメノミナカヌシによって止揚されるべき二元として位置付けたのは「天文遁甲に能《よ》くし」と周知される天武天皇であるだろう。そもそも『古事記』のこの位置に何者かを置くと決めることができる者も、また最終校閲者の資格を有するのも、編纂勅命の当事者である天武帝以外にあり得ないからである。

古事記神話に第一番目に登場する神を、天之御中主神（アメノミナカヌシ神）と設定したことによって、アメノミナカヌシはここに天地初発の神となり、天地創造の神となった。天之御中主神とは、文字通り天の真中を領する神という意味の名で、北天の不動の星である北極星のことであるから、この手続きによって、『古事記』の日本神話は北極星のもとに展開する世界ということになる。

この神が一般の信仰の対象になったのは、近世において北極星の神格化である妙見菩薩と習合されるようになって、妙見信仰と一体化してからとされる。なお水天宮も天之御中主神を主祭神（＊水天宮表記）の一つとしているが、これは海人族とのつながりによるものであろう。

その後、中世の伊勢神道においては、豊受大神を天之御中主神と同一視し、これを始源神と位置付けているが、これは度会《わたらい》氏による付会である。

さらに江戸時代末の復古神道において、天之御中主神は最高位の究極神、創造神とされており、この思想が明治維新の原動力ともなり、新たな国家建設の指針となったと考えられている。

しかしながら、同説を主導したのは篤胤の門弟を中心とする平田派の人々であって、篤胤自身は早くにアメノミナカヌシ神から距離を置くようになっていた。その経緯については佐々木聖使氏の論文に詳しい。

「篤胤の信仰は『毎朝神拝詞記』の中に窺うことができる。最初に作成された文化十三年（一八一六）の文面は、『高天原尓神留坐須。天之御中主大御神。高皇産霊大御神。神皇産霊大御神乎始弖。八百万乃大神等乃大御霊乎。慎美敬比。畏美畏美毛遥尓拝美奉留。』と天之御中主神を筆頭とした天地初発の神々が並んでいた。ところが、文政十二年（一八二九）に改刻版が刊行されて、『高天原爾神留坐須。天照大御神。皇産霊大神。伊耶那岐大神乎始米弖。八百万之神等乃御前乎。慎美敬比畏美畏美毛遥爾拝美奉留。』と改正され、次項以下で月予美国の国之底立大神、伊耶那美、月夜見命、そして再び天照大神と豊受大神への神拝へと続いていく神々の序列が示された。この天之御中主神から天照大御神への変更には、極めて重要な意味が含まれている。つまり篤胤の思想が確立してからの彼の信仰は、天照大御神を中心に確立されていたことを示している。

この文政十二年版の『毎朝神拝詞記』は、明治六年に銕胤《かねたね》等によって、再び天照大御神から天之御中主神に改められてしまった。この修正は、篤胤の門人たちが明治初頭の風潮の中で改めたのであって、もはや篤胤自身の信仰と異質のものである。つまり、大教宣布運動の中で主張された平田系の天之御中主神論は、篤胤の思想に直結したものだけではないということである。」（『日本文化論への接近』所載の「キリスト教の受容と国学―平田篤胤の思想を通して」の註6　佐々木聖使）

「つまり文化十三年（一八一六）から文政十二年（一八二九）の間に、天照大御神を中心とする信仰へのシフトがあったと考えてよいだろう。」（同前）

「篤胤に創造を司る唯一絶対神の観念はなく、構造化されて天之御中主神、皇産霊神、イザナギの命・イザナミの命に創造が分与されている。さらに篤胤の『信仰』の中心が天之御中主神から天照大神に変化したという点を踏まえるならば、キリスト教の創造神と天之御中主神を同列に論じる事は不可能である。」（同前）

神道は篤胤没後、門人たちによって最初期の形に変えられていたのだ。すなわち、門人たちが篤胤の名を利用したのが復古神道の真相である。明治政府に入った平田派国学者たちが、神仏分離と神道国教化を主導推進したとされているが、その実態はこうしたものであった。むろん最終的な政治的決断はそういった国学者たちに成せるものではなく、政府の中枢において、さらに明治聖上による承認がなければ国家政策とはなり得ないから、平田派国学者たちも利用されたのであろう。

いずれにしても、明治政府における神道国教化は、「アメノミナカヌシありき」で推進されたものであろう。

神道（神社神道）にはもともと「神学《しんがく》」に相当するものはない。だから「体系」もない。しかし近世以後、他の外来宗教の影響もあって、研究・体系化が試みられて来た。「国学」といわれるものがそれに当たる。

神道は基本的には神社の前で拝礼するだけで良い。他には何もむずかしいことはいらない。学術的な知識を身に着けてみたところで、それと神道のエッセンスとは別ものである。むしろ何の知識ももたない一般の人が、通りすがりの小さな社《やしろ》に寄って無心に拝礼する。これが神道の本筋である。

神道は悠久の歴史をもつが、その間ほとんど論理的解明をされることがなかったのは、その必要がなかったからであろう。その証左として、現に神社は存続しており、人々も祀り続けている。信仰は理論を超越したものであることの一つの証しでもあるだろう。

ところが現在のように混沌とした時代にあってはすべての価値観が揺らいでおり、日本人の価値基準とも考えられる神道さえ、その何たるかが見失なわれかけている。かつて江戸時代にこれとよく似た状況があって、その時に神道は学問としても成立した。

ちなみに神道の主な学派には次の種類がある。歴史的な流れも、この順になっている。

惟神道《かんながらのみち》（原始神道、随神道）
神仏習合神道（両部《りょうぶ》神道、山王一実神道、他）
神儒習合神道（儒家《じゅか》神道、伊勢神道、垂加神道、他）
家元《いえもと》神道（吉田神道、教派神道、他）
復古《ふっこ》神道（国学神道、平田神道、神社神道、他）

最初の惟神道と、最後の復古神道を除く個別の解説は本書のテーマと直接関わりがないため省略する。（＊興味のある読者は拙著『神道入門』を参照されたし。）

神道の発生は、はるか縄文時代に遡る。山や森、川、海などの大自然において特別感のあるものを畏敬尊崇するものである。したがって祈りの形に決まりはなく、畏敬尊崇の念を何らかの形（特定の場所や祈りの形態）で表現すれば、それがすなわち原始神道である。祈りの対象となった神々を祀るために依り代（神体）を定め、それを納めるための施設として祠《ほこら》や社が造られる。祈る人たちの気持ちであるから、そもそもは素朴なものである。

それが立派な神社建築となって妍《けん》を競うようになるのは、六世紀に仏教が渡来したのがきっかけである。仏教は当初から仏堂伽藍を建設し、人々を圧倒した。対抗するためにそれを真似て神道界でも次々に神社が建設されるようになる。つまり、神社建築は神道信仰とは直接関係がないところで造られはじめたもので、少なからぬ古い神社が寺院に似ているのはそういった理由もある。それ以後は右に示したように仏教や儒教等と習合し、千年余も混沌の時代が続き、江戸時代の半ばを過ぎて、ようやく神道本来の姿である惟神道《かんながらのみち》にたどりつく。これが「国学」であり「復古神道」と呼ばれるものである。

それまで世に流布して来たすべての神道論は、外来の仏教・儒教・道教と習合していた。それに対して、神道は本来日本固有の民族宗教・民族思想であるから、いにしえの純一無垢の姿に帰れ、という思潮である。そのために、『古事記』及び『万葉集』を雑知識を排除して素直な気持ちで研究して、古代日本人の本来の心である「やまとごころ」をつかもうとした。これが「復古」の意味である。「国のもとい」を明らかにするという意味で「国学」と称し、荷田春満《かだのあずままろ》、賀茂真淵、本居宣長、平田篤胤らによって説かれた。この四人を「国学四大人《うし》」という。その説くところは一連の系譜となって、本来の神道とは何かを考究するものとされている。

とりわけ、真淵の研究を受け継いだ宣長は、その神道説の大成者となる。現在の神道も基本的には「宣長神道」である。

「（宣長はその著『直毘霊《なおびのみたま》』において）日本古代にあったのは、したがうべき教義として意識されず、なんらの人智を加える必要もなかった〈物にゆく道〉であるとする信念から、ただ神意にまかせる〈惟神（かんながら）〉の道を説く。」（野口武彦）

（＊宣長の言葉の「物にゆく道」についてはいろいろな論説があるのだが、「そのものに真っ直ぐ通じる道」と理解して誤りはないだろう。）

なお篤胤の神道論は、宣長の神道を踏まえたものではあるのだが、幕末という時代の要請もあって政治色や宗教色の強いものとなっている。明治維新の思想的バックボーンとなったのは「平田神道」という名の「平田派門人神道」であり、それ以後の昭和二十年にいたるまでその影響は続いている。

そしてこの時になって、天武構想以来、一千年間に亘って忘れ去られていたアメノミナカヌシが重要な神としてようやくよみがえる。国学・復古神道が『古事記』を第一の聖典としてよみがえらせた。『古事記』のみが神話体系の筆頭に天之御中主神を挙げているのが最大の証左だ。復古神道とは真淵、宣長の国学（古学）に復することである。その意味では、門人のおこなった改変は、正しく復古であったと言っても誤りではないだろう。では篤胤は変節したのかと言えば必ずしもそうとも言えない。篤胤はある時期から、もっぱら死後の世界や霊について究めようとするようになり、天之御中主神についてはキリスト教の創造神に等しい存在としているのみで、それ以上の解釈はもともとおこなっていないのである。

或人吾師に問《とい》けらく、「世にあらゆる万の事は、その本みな、産霊神の神霊に生出《なりいず》るといはゞ、その産霊神は、また何《いずれ》の神の御霊によりて生り坐せることぞ」。師の曰く、「この神等《かみたち》は、何の御霊によりて生り坐せるといふことは、伝《つたえ》なければ知りがたし。のみならず、神代のこと、また常の世間《よのなか》の事の中に、その理もその事も、量り知りがたきはなほ多かり。然るに、その知りがたきことを、強て知らむと思ひ、また知りがほにとかく推量りて云ふは、みな異国《あだしくに》の道のさだなり。異国《あだしくに》の道は、もとより仏・聖人などはおのおの万の物万の事の理を、悉《ことごと》に知り尽したる物と立てたる道なれば、何事にても、知りがたしといひては、其道立ちがたきを、然《しか》神の道はさらに然らぬことにて、神といへども、え知りたまはぬ事は有りて、伊邪那岐大神すら、天神《あまつかみ》の御心《みこころ》を問ひ給ふなれば、まして凡人《ただびと》は、もはら古の伝を守りて、少《いささか》もさかしらをまじへぬ道なれば、伝《つたえ》なき事は、たゞ知りがたしとして有るぞ、もとより道の躰《すがた》なりける」といはれしは、実《まこと》に然《さ》ることにて、またその天神すら大御心と定めかね給へることは、太占《ふとまに》して卜《うらと》問ひ賜ひつ。

なほこの神等、成り坐すとはいひ伝へぬれども、此《こ》は天地をすら造り出で賜へる神に坐せば、その初《はじめ》は、何神《いかなるかみ》の御霊に因りて成り坐せるとなく、かぎりなき前《さき》より、坐《ま》しましけむと思はる、由あり。そは次の図の下《もと》にいへるを合せ考ぶべし。(平田篤胤『霊能真柱』上巻)

末尾の「次の図」というのが先に示した第四図(一七九頁左図)である。『霊能真柱』掲載の全十図すべてが「三大考」の引き写しであって、これといった独自性は見られない。「三大考」は宣長の弟子の服部中庸《なかつね》が書いたものであるが、残念ながら『古事記伝』の参考書としては拙いもので、これをあえて付録とすることを許可したのは宣長の優しさであろうか。そもそも「三大考」の図解は『古事記伝』本編の価値を下げることがあっても上げることはないだろう。

なお、平田篤胤が本居宣長の名前を知ったのは、宣長没後二年の後で、妻が入手した宣長の著作を読んで、にわかに国学に目覚めたのだという。

それにしても、右の引用に篤胤が述べている内容は、どう捉えても学術研究の放棄であろう。宣長の言葉を引いて、天神の心は伊邪那岐にさえもわからないのだから、凡人はわからなくて当然で、古の伝えをただ守っていれば良いと主張している。後に篤胤は『仙境異聞』や『勝五郎再生記聞』など、幽界について想像を膨らませていくようになるが、これらは逸脱であって、国学の究明や復古神道の創唱とはなんの関係もない。

復古神道(古学神道)はもともと賀茂真淵の『国意考』、本居宣長の『直毘霊』を源流とするものであって、篤胤はたまさか幕末にその時を得て、弟子たちや一部の維新の志士たちによってアジテーター的な存在として祭り上げられたにすぎない。しかも、かつて天武天皇が志向したアメノミナカヌシ神の存在に着目することによって、馬淵・宣長の思想にはなかった「創造神」としての位置付け（ある意味では漢意《からごころ》）による革命思想を打ち立てたことが誤解の根元であろう。平田国学なるものは国学ではなく、むろん復古神道でもないばかりか、むしろ、「変身したからごころ」さしずめ「漢意」ならぬ「洋意《からごころ》」であるとの批判が浴びせられたのも無理からぬところであろう。

新たな蠢動《しゅんどう》

明治政府は、各地の海人族が連立して成し遂げた政権である。戦国時代以降、武家政権は天皇を疎外することによって、この国にある種の活力をもたらしたが、その政権も二百年過ぎる頃から停滞が始まり、末期症状は誰の目にも明らかであった。

これに対して徳川をも含む全国各地で急激に始まった蠢動は、海人族の流れを汲む若い力によって、国家としての近代化も成し遂げることとなる。担い手となったのは徳川慶喜（幕府）、勝海舟（幕府）、西郷隆盛（薩摩）、大久保利通（薩摩）、木戸孝允（長州）、伊藤博文（長州）、大隈重信（肥前）、副島種臣（肥前）、後藤象二郎（土佐）、岩崎弥太郎（土佐）等々。彼らが仰ぎ見ていたのは、かつて故郷で見ていた時から変わることのない北極星であった。国家の指針は不動の北極星にあって、空になった江戸城に迎えた天皇は、みずからを北斗七星の一つ（属星《ぞくしょう》）に位置付けて、北極星を仰ぎ見るという祭祀「四方拝」を毎年新年の早朝におこなうのだ。海人族の政権が、天皇を取り込むことによって新たな政権を打ち立てた証しである。北辰北斗信仰を始めとする陰陽道の要素はこの時に四方拝から排除されて純粋に神道化されたと一部で示唆されているが、それまでの四方拝もそれ以後の四方拝も当代の天皇陛下御一人のみが周囲を遮っておこなうものであって、他の何者も容喙《ようかい》できるものではない。

天皇は、徳川からアメノミナカヌシ神を奪還した。天武が定めた「現御神（現人神）」に、復したのだ。

「鎖国から開国に転換した日本が、西洋の列強の前では東洋の一小国であるとの現実を自覚したとき、『万国』の観念を受容しなければならず、日本の皇祖・天照大御神だけではなく、より普遍的な、始原的な神の存在が求められたためである。その普遍的存在者の下において、日本と西洋を位置づけることが求められた。確かに、万国を照らす太陽神として天照大御神は位置づけられていたが、それ以上の宇宙全体の中心、あるいは宇宙の創造神が求められることになった。」（佐々木聖使『天之御中主神のゆくへ：近代的神観の確立と葛藤』）

江戸時代を通じて広まった東照神社による徳川政権独自の信仰形態は、七〇〇社に余る分祀勧請と、それに勝るとも劣らない質量のアメノミナカヌシ神社の創建によって人心にくまなく浸透したかに思われていたが、明治維新によって誕生した新政府は復古神道の思想によってその野望を断ち切った。家康のたくらみは成就しなかったのだ。帝国憲法によって保証された天皇は、絶対権威として神道祭祀のもとに国家体制を改めることとしたのであった。

令和四年において現存する東照宮・東照神社は、本社として継続するものは三二社、本社は廃棄されて境内社として生き残ったものが三八社、合計で七〇社が存在するのみである。

天武天皇の構想が欧米列強が押し掛けてきたことで明治の開国でようやく求められることとなった。なんと永い時間を経たことであろう。天武天皇の崩御から千年経って、ふたたび天皇は現御神《あきつみかみ》になった。東京遷都によって伊勢の呪縛から解き放たれた新政府は、天皇を現御神（現人神《あらひとがみ》）と位置付けた新たな統治理念を打ち出した。それが帝国憲法である。

明治新政府は王政復古の大号令によって成立した。徳川幕府とはまったく異なる新しい国家理念を世界に向けて打ち出すのは急務であった。明治二十二（一八八九）年二月十一日公布、翌年十一月二十九日に施行された大日本帝国憲法の第三条において、

「天皇ハ神聖ニシテ侵スヘカラス」

と定めたのだ。すなわち天皇の神格化である。生まれ変わった日本国は、この条文によって天皇を現御神とし、天皇こそは国民統合の精神的中心とする国家体制としたのである。なおこの思想はいわゆる「三大神勅」の第一になるもので、記・紀に基づいている。

なお三大神勅は『日本書紀』に天孫降臨の際にアマテラスより孫のニニギに申し渡されたもので、天壌無窮の神勅、宝鏡奉斎の神勅、斎庭《ゆにわ》の稲穂の神勅の三つである。

ただし、このうち『古事記』と共通するのは第一の「天壌無窮の神勅」のみであって、『古事記』においては、

「豊葦原の千秋長五百秋の水穂国は我が御子正勝吾勝勝速日天忍穂耳命の知らす国なり」

と明記されているところから、国学者たちによる称揚も手伝って特に強調されることとなった。

新たな四方拝は北辰拝礼である。それまでは天皇は属星を介してその主たる北極星を拝していたが、明治に呼称も四方節となり、伝えられるところによれば神道により近い形とするためとの理由で、属星拝礼を廃止し、呪文の最後に唱えていた「急々如律令《きゅうきゅうにょりつりょう》」をも削除したとされる。しかしこれで四方拝が神道儀式になるはずがなく、呪文はすべて陰陽道のものであり、神道の祝詞とはまったく別ものである。真相は不明であるが、もし神道祭祀で徹底したいのであれば、呪文そのものをやめるべきであろうし、そもそも四方拝自体を廃止すべきであろう。そもそも四方拝という儀式祭祀は、その発

生から陰陽道そのものであって、一部を改変してみても本質は変わらない。

なお属星拝礼を廃止することによって、北斗を介さず、直接、北辰を拝礼することとした点は重要で、これは天皇は属星を選ばず、北辰と一体になったということと解釈できる。すなわち、「アメノミナカヌシ神こそが天皇の語源（天皇大帝《てんおうだいてい》）」であるという、天武天皇によるそもそもの発想に帰着する。「天皇ハ神聖ニシテ侵スヘカラス」という帝国憲法の一文こそは、天武天皇の構想の原点であろう。

しかしそれから、六十五年後の昭和二十年、ＧＨＱ主導によって「現御神」は廃止された。それを表明したのがいわゆる「人間宣言」である。

「尾張神宮法案」廃案の真相

かつて私は、拙著『三種の神器』（二〇一二年刊）の「草薙剣《くさなぎのつるぎ》」の章において、明治に入ってまもなく政府中枢においてある事件が蠢動しかけ、密かに隠蔽されていたことにふれた。それは熱田神宮の処遇に関してのものであった。

言うまでもないが、現在、熱田神宮は三種の神器の本体の一つを祀る無二の神社である。

他の二つ、八咫鏡《やたのかがみ》は伊勢・皇大神宮の内宮に鎮座しており、八坂瓊曲玉《やさかにのまがたま》は皇居・剣璽《けんじ》の間に鎮座している。ただし皇居に鎮座している剣と鏡は分身であって、宮中祭祀のために宮中に形として三種揃えているが、三種の本体は熱田・伊勢・東京の三所にてそれぞれ祀られていることは言うまでもない。なお曲玉のみは明治に江戸へ遷都されるまでは京都の御所内に鎮座していて、遷都と共に遷って来た。また剣と曲玉は天皇がいずれかへ行幸される際には同行することとなっており、これを剣璽渡御《けんじとぎょ》という。(＊詳細は拙著『三種の神器』を参照されたい。)

そういう意味では熱田神宮は伊勢・皇太神宮と同格であるとも言えるだろう。他に比較するものとてない「神器の本体」を祀る神社という意味ではともに特別の存在である。少なくとも伊勢の神宮が特別扱いされるように、熱田も他のすべての神社とは別の「特別」な扱いが求められて不思議ではない。

ところが熱田社は、明治元(一八六八)年六月に「神宮」号を冠されるまで、単に熱田神社と号されていた。これは明らかに伊勢より格下であることを意味するものだ。

また、社殿も現在の神明造りとはまったく異なるもので、明治二十二(一八八九)年に神明造りに変更造営されるまでは、尾張地方に特有の「尾張造り」という様式であった。尾張造りとは、「前方から順に門、蕃塀、拝殿、祭文殿、釣渡廊、本殿と続き、祭文殿の両脇から回廊がでて本殿を取り囲むという境内の構成を示す。尾張地方の大社はほぼこの形式にならい、中小の社もこれを簡略化したものが多い。」(『神道事典』)

写真等の資料で確認すると、明治五年頃までは平安時代の貴族の邸宅である寝殿造りを彷彿させるかのような優雅な尾張造りであったが、明治二十二年にはすでに伊勢の神宮と同じ直線的な神明造りに造り替えられている。熱田の当時の宮司、角田忠行の働きかけで、伊勢の神宮に倣って、式年遷宮と神明造りによる社殿造営という熱田神宮改造計画を申請し、内務大臣・西郷従道、宮内大臣・土方久元により認可されたものである。千年以上続いていたであろう尾張造りの社殿を完全に撤去してしまったのはまことに残念なことであるが、祭祀を担う者によってそれが主導されたのであれば致し方ないと言うべきか。

そして実はこの時に、新たな「勅令案」が内務省案として内務大臣によって閣議に上げられていた。

いわゆる「尾張神宮法案」である。正確には「熱田神宮改正の件」および「尾張神宮職員改正の件」である。詳細は省くが、要するに伊勢神宮とまったく同じにしようというものである。

右に述べたように熱田社はすでに神宮号となっていたが、さらに新たな社格制度によって、最高位の官幣大社となっていた。しかし伊勢神宮は、さらにその上に位する。

そこで、新たな勅令案は、「官幣大社熱田神宮」を単に「尾張神宮」とのみ称する（尾張皇太神宮という案もあった）というものであった。そして伊勢と同様に内務省直轄とし、他の管理・処遇も伊勢と同様にするというものであった。

しかし、「尾張神宮」案は直前になって修正されて、官幣大社は外して「熱田神宮」として伊勢神宮の次に列するという内容に変更されて閣議に提出。——ところが、これに同意したのは枢密院議長・大木喬任のみであったのだ。これによって熱田神宮改正の件は「従前の通り」となり、この案は廃案となった。なんとも不可解な経緯である。

「とちゅう、伊勢側の有力な反対にあい、ことに祭主朝彦親王は明治天皇に謁見して強硬な反対の進言をするなど……」（篠田康雄『熱田神宮』）という経緯もあったようだが、それならば「勅令案」の作成にまで至らないのではないか。内務大臣の了解のもとに勅令案まで作成したということは、他の勅令の成立過程から考えてすでに了解事項と考えて良い。手続き上は、閣議に掛けて、天皇の勅裁を得て後に成立するのであるが、「内務省案」が提出された時点で、勅令はもはや事実上の決定であるはずなのだ。

しかし閣議で否決された。しかも、たった一名のみしか同意しないという状況で、他の全員が否決という圧倒的決議であったのだ。これはもはや「上の声」があったと考えるのが自然だろう。最終決裁者である天皇が、みずから却下したのだ。天皇は、熱田が伊勢とは同格になり得ないことをこの時には知っていたのだと、僭越ながら忖度《そんたく》申し上げるほかはないだろう。この直前に、こういった帰結を招来するような何か新たな知見が聖上にもたらされたということであろう。そしてその知見とは、尾張氏の血統に関わるものではなかったのかと私は推測している。

熱田社は、もとは尾張国造であった尾張氏によって創建祭祀されてきたもので、神体である草薙剣は、記紀神話によれば、ヤマトタケルが妻の美夜受比売《みやずひめ》（尾張氏の娘）のもとへ置いて伊吹山へおもむいたとされる。そしてヤマトタケルは死して帰らなかったことにより、草薙剣はそのまま尾張氏が預かり、熱田社の神体となったという。しかしこの経緯《いきさつ》にはいくつかの重大な謎が潜んでいる。

そもそもヤマトタケルの佩刀《はいとう》は天叢雲剣《あめのむらくものつるぎ》という名称であったが、尊の死後、熱田社において御霊代として祀る際に草薙剣という呼び名に変えたことになっている。ということは、熱田社を戴く尾張氏が、それをおこなったということになるだろう。

周知のように尾張氏は尾張国造家であるが、この後も熱田の社家として代々連綿と続き、壬申の乱においては大海人皇子《おおしあまのみこ》（おおあまのおうじ）を全面的に支援して勝利の実現に最も寄与した氏族である。古代から全国に勢力を広げてきた海人族の中心的氏族で、壬申の乱においては「鉄剣鉄刀」を大量に調達して、それが勝敗の帰趨を決したとされる。つまり、刀剣こそは、彼らの存在証明でもある。

その尾張氏は、ヤマトタケルの死後、佩刀・天叢雲剣を尾張の地にとどめ置き、朝廷に返上しなかった。あまつさえ、草薙剣という新たな呼称を付けて、みずから祀ったということになる。それが皇子の意志（遺志）であったからという理由で――。はたしてそんな〝勝手〟が許されるものだろうか。

ちなみに高崎正秀『神剣考』において、「クサナギ」は「霊蛇《くしなだ》」であるとの論考がなされている。

民俗学的にもたいへん興味深い論考で、同説はかなり人口に膾炙している。私の恩師筋の先輩でもあるので敬意をもって検証させていただいたが、結論として私はこの説は採らない。もし同説であるならば、当初からクサナギであって良いはずで、始め天叢雲剣で後からわざわざこの名に変える必要がない（高崎は当初から「クサナギ」であったのではないかと推測しているが、そのような事実はない。クサナギを霊蛇だとすれば、そういうことになるはずだ、との逆論にすぎない。自分で立てた仮説は推論の前提にはならない）。また、蛇《なだ》を「ナギ」と訛る必然もなく、そのままクシナダ剣と呼ばれるべきだろう。それは奇稲田《くしなだ》姫（櫛名田《くしなだ》比売）が霊蛇《くしなだ》姫であるという解釈に、なんら異論を唱えるものではない。

剣名の呼び変えについて、尾張氏の政治的位置を勘案してみよう。尾張氏が天皇に対してあくまでも「従属」的立場にあったとするなら、これは〝反逆〟になるだろう。天叢雲剣は皇子・ヤマトタケルに授けられたとはいえ、天皇家に伝わる聖なる器物＝神器である。天皇家でも皇族でもない尾張氏に与えるわけにはいかない。まして尾張氏は渡来の海人《あま》族である。呼称の変更をおこない、なおかつ返上せずにみずから祀るという点について、尾張氏が朝廷の許可を得ておこなったという記録はどこにもない。これほどの重大事について、公式記録がないこと自体不自然であるが、それについての疑義が同時代の記・紀その他の記述にもないのは、さらに不可解なことだ。もし勅許を得たのであれば、尾張氏にとっては公言して権威付けに利用するはずで、あるいはもし無断であるならば、少なくとも記紀はこれを非難してしかるべきだろう。

しかしいずれもないとなれば、答えは一つしかないだろう。すなわち、勅許は不要であり、朝廷は非難する必要もない、のだ。なぜならば、草薙剣は天叢雲剣ではないからだ。

そもそも新たに名付けるならば、もっと相応しい名がいくらでもあるだろう。名刀と言われる刀剣には特に号（名）が付されるものだが、いずれも勇ましい号や神々しい号が多く、それらに比べると「草を薙ぐ剣」とは、なんとも優しい号だ。強そうでもなければ神聖感もない。

一般に、草を薙ぐのは「鎌《かま》」であろう。「草刈り鎌」という通例があるように。しかし刀剣の本来の機能役割は、もちろん草を刈ることではない。ところが、記・紀をいくら読み込んでも、〝神剣〟草薙剣は「草を薙ぎはらった」ことにしか使われていないのだ。ヤマトタケルは大活躍したことになっているが、その活躍に〝神剣〟は何の働きもしていない。つまり、これが草薙剣の能力なのである。それならば、そういう機能の刃物だったのではないかと私は考えたのだが、いかがであろうか。草薙剣とは「鎌刀《かまがたな》」だったからこそ、この名になったのではないか。

ちなみに、一般にはあまり馴染みがないと思うが、草薙剣には都牟刈大刀《つむがりのたち》という別名もある。稲穂を「摘む」「刈る」、すなわち「稲刈り」という意味である。つまりこれもまた「鎌」を暗示している。

神器の名称には必然があると考えるのが当然である。そしてその名に相応しい刀剣が存在する。素《そ》環頭大刀《かんとう》である。

素《そ》環頭《かんとう》大刀は鉄製・内反りという特徴を持っていて、平原《ひらばる》遺跡（福岡県糸島市）や上町向原遺跡（同）、横田遺跡（佐賀県吉野ヶ里）、岩滝丸山古墳（京都府与謝《よさ》郡）、積石塚古墳（長野県長野市）など各地から出土している。とくに東大寺山古墳（奈良県天理市）からは素環頭鉄刀二十本と鉄剣九本がまとまって出土しており、そのうちの少なくとも六本は内反りである。さらにそのうちの一本は、長さ一一〇センチメートルの大刀で、金象嵌の銘文二十四文字が刻まれている。

「中平□□（年）五月丙午造作文（支）刀百練清剛上応星宿□□□□」
年号とお決まりの吉祥文であるが、「中平」は後漢の霊帝の年号で、一八四～一八九年を指す。すなわち同帝から下賜されたものであろう。この当時（古墳時代前期）、すでに日本においても鉄刀は造られていたが、その鍛造技術も渡来のものであって、「中平銘刀」は後漢製だ。

素環頭大刀については今尾文昭氏（奈良県立橿原考古学研究所）による「素環頭鉄刀考」という優れた研究論文がある（同氏著『古墳文化の成立と社会』所収）。同研究では、素環頭の鉄製大刀および剣について、シナ・朝鮮の事例と比較検証しつつ、日本の弥生時代と古墳時代の遺物の（とくに発掘遺物）素環頭鉄刀についてきわめて緻密なアプローチがなされている。同研究によって判然とするのは、朝鮮には内反り鉄剣の事例はほとんどなく、シナと日本の共通した特徴であるということだろう。以下に「反り具合」について一節を引用する。

「①内反り傾向を示すもの。②直刀傾向を示すものに区別できる。とくにいわゆる内反り刀は、従来から素環頭大刀の特徴とされてきたが、反り具合は個々に差異がある。刀全体が内反り傾向を示すもの、茎部分でその傾向が顕著になるもの、また朝田墳墓群四例中三例の素環頭刀子では、刀身がわずかに内反りでありながら、鋒部分では逆に外へと反る様子がよみとれる。個別的なあり方を示すが、特記すべきは弥生時代の素環頭大刀が前原上町、平原遺跡出土の二口を除くと、大方は内反り傾向を

素環頭大刀の基本形

示す点である。

前期古墳出土の素環頭大刀も内反り傾向を示すものが多いが一方、直刀傾向を示すものもみられるようになる。たとえば奈良県谷畑古墳出土例は、全長一二五センチの長大な刀であるが、全体はほぼまっすぐな形状を示す。逆に中期古墳からの出土例で内反り傾向を示すのは、長野県フネ古墳や岡山県押入西古墳出土例が顕著であるほかは、ほとんどが反りのない直刀傾向のものとなる。」

内反りの素環頭素大刀はシナで製造されていたものが弥生期に日本にたらされ、やがて日本でも造られるようになったが、古墳時代に入る頃から国産刀は直刀になっていき、やがて内反りの剣も素環頭の剣も造られなくなった、ということであろう。

尾張氏はなぜ〈剣〉を返納しなかったか

ところで、天皇家の三種の神器の一つとして尊ばれた草薙剣を、なぜ尾張氏は保有し続け、朝廷に返上しなかったのか。また、朝廷も、尾張氏に対してなぜ返上せよと命じなかったのだろうか。ここには明確な理由があるはずである。

記・紀をいくら読んでも、ヤマトタケルが草薙剣を熱田に置いていく理由は判然しないし、それどころか、入手の経緯を考えれば、ヤマトタケルは草薙剣を手放してはならないはずである。倭姫命《やまとひめのみこと》から授けられたのは、以後自由勝手にして良いということではないはずであろう。東征という重大任務を果たすための守護剣として授けられたのであって、無事に任務を果たしたならば、最終的には内宮か宮中へ持ち帰らなければならないはずである。たとえわが身が斃れたとしても、草薙剣だけは戻さなければならない。もしヤマトタケルの遺言があるならば、なによりも第一に草薙剣を戻すよう言い置いたはずである。

とすれば、既に指摘したようにその答えは一つしかない。——すなわち、返す必要がなかったからだ。すなわち熱田の剣は、もともとの草薙剣でも天叢雲剣でもないからだろう。

また、三種の神器のうちで草薙剣のみが「実見」記録が複数あり、それぱかりか新羅僧道行による「盗難」にまで遭っている。管理不十分であったのか、千数百年間で見ればわずかな回数であるが、八咫鏡本体や八坂瓊曲玉本体の処遇、あるいは運命に比べるといささか「畏敬」に欠けるきらいなしとは言えないだろう。そしてそれには、やはりそれだけの理由があるのだと私は考えている。

なお、ヤマタノオロチ退治の神話は、もともと尾張氏に伝わる神話か、もしくは来歴創作のための新しき神話であるやもしれない。それでも最終的に、また歴史的にも神器として認定されたのはまぎれもない事実であって、認定されてからすでに千年余が経つ。朝廷によって認定され、なおかつこれだけの歴史を経たのであるから、これはすでにして神器・草薙剣である。もはや現物が何ものであるかを問わない。それはまぎれもなく天皇家の意志である。

しかし事実関係は明らかにしておかなければならない。神器は国産でなければならないという宿命がある。したがって草薙剣も日本国内で鍛造されたものでなければ神器の資格はない。ところが熱田に伝わる実見記録から察すると、熱田の剣は渡来の銅剣（両刃）である。しかし元々の天叢雲剣は出雲由来であるから「鉄製」であるはずで、「むらくも」という名の根拠になっているのは鍛造鉄刀に特有の刃紋《はもん》を指しているのであろう。スサノヲがこれを発見した時のくだりを思い出していただきたい。

「かれ、その中の尾を切りたまいし時に、御刀《みはかし》の刃毀《はか》けき。しかして、あやしと思ほし、御刀の前《さき》もちて刺し割きて見そこなはせば、都牟羽《つむは》の大刀《たち》あり。かれ、この大刀を取り、異《け》しき物と思ほして、天照大御神に白《もう》し上げたまひき。こは草なぎの大刀ぞ。」（『古事記』本文。＊原文は万葉仮名）

スサノヲがヤマタノオロチの尾を切ったら、スサノヲの刀の刃が欠けたというのだ。これは、スサノヲの佩刀よりも草薙剣のほうが硬度が高いと言っているわけである。単純に考えて、銅剣対鉄刀で打ち合えば、必ず銅剣の刃が欠ける。鋳造された銅剣と、鍛造された鉄刀では硬度がまるで違うからだ。

すなわち、天叢雲剣は鉄刀である。それもかなりの硬度を持つところから、出雲の玉鋼《たまはがね》を日本式に鍛造したものであるだろう。繰り返し折りたたみ、打ち延ばして行く日本刀独特の鍛造による「千枚《せんまい》鋼《はがね》」という構造の刀剣こそは、天叢雲剣であるだろう。

そして鉄刀ならではの「叢雲《むらくも》」の刃紋があった。それを見出したスサノヲは「都牟羽《つむは》の大刀《たち》あり」と述べている。つまり「稲穂を刈り取るための大きな刃物」だと形容している。ゆえに「鎌」に似た大刀、内反り鉄刀＝素環頭大刀のことであるだろう。

だから、スサノヲは「異《け》しき物と思ほして（珍しいものと思って）」アマテラスに献上するのだ。しかも「草なぎの大刀」と名付けて。——すなわち発見の段階から、草薙剣はすでに草薙剣と呼ばれていたはずである。名付け親は発見者・スサノヲであるだろう。

いずれにしても熱田の剣は元々の草薙剣ではない。熱田の「渡来の銅剣」は、おそらくは尾張氏が古来保有していた氏祖伝来の剣で、熱田社はそれを祀る氏神社であったのだろう。渡来氏族・尾張氏の祖先が海の彼方からはるばる持ち来たった「証し」なのではないか。それをヤマトタケルと関連付けたのは、薨去後しばらくしてから尾張氏の誰かが熱田を権威付けするためにおこなった作為であろう。

ちなみに、武家政権を初めて樹立した源頼朝は、母の実家である熱田神宮を崇敬していた。しかし頼朝は鎌倉に幕府を開いた際に、源氏の氏神として皇室系の石清水《いわしみず》八幡宮を勧請し、鶴岡八幡宮を創建している。

頼朝は、血縁のある熱田神宮をなぜ氏神としなかったのか。周知の基準に従えば、熱田の御神体は究極の刀剣である草薙剣であるのだから、武家の筆頭としての源氏にこれほど相応しい神はないだろうに。しかも熱田社は母の実家である。母方の先祖の美夜受比売《みやずひめ》が、英雄ヤマトタケルの妻であったということも武士の頭領を称する源氏にとってむしろ誉れになるだろうし、神体の草薙剣もまた武士の象徴としてこれほど相応しいものはないだろう。武家政権の樹立を標榜する頼朝が、それでもなお都から八幡神を勧請したのであるから、何か別の理由があったと考えるべきだろう。

私は、鎌倉幕府開府の年にはまだ草薙剣になっていなかったのではないかと推測している。一一八五年の時点では、熱田神社は単なる尾張氏の氏神神社であるだけで、つまり「渡来神の神社」の一つに過ぎなかったのではないだろうか。だから頼朝は鎌倉へ勧請しなかった。熱田神では、都に対抗できないのだ。

そしてそのことを、明治政府に近い人物、あるいは皇室の誰かは知っていた。渡来の海人族の神が、皇室の神と同格に連なることは許されなかったのではないか。それが、「尾張神宮法案廃案」の真相ではないだろうか。

「宇斯波久《うしはく》」が真相を解き明かす

天武天皇の発案による「アメノミナカヌシ構想」は、これまでに実現しなかった「最終的な功績」であると前述したが、その本質的な意義を本居宣長が図らずも説き明かしている。それが、『古事記伝』本文の冒頭で予告していた「宇斯波久」の考証である。

「さて宇斯波久《うしはく》と云も、其拠《そこ》の主《うし》として、領居《しめお》ることなり。【宇斯波久の事は、伝十四に委《くわし》くいふ】」と、すでに本書でも紹介した。以下、『古事記伝』十四からの抜萃である。

宇志波祁流《うしはける》は、主《うし》としてその地を領有していることを云う。ただし天皇が天の下を所知食《しろしめす》ことなどを、「宇斯波伎坐《うしはきます》」と言った例はないから、似たことであっても「所知食」という言葉とは差違がある。（中略）

「波久《はく》」は「太刀を佩く」、「靴を履く」などの「はく」と同じで、身に着けて所有する意味ではなかろうか。（中略）

この言葉は、万葉巻五（三十一丁）に、

「宇奈原能邊爾母奥爾母神豆麻利、宇志播吉伊麻須諸能大御神等」（うなはらのへにもおきにもかむづまり、うしはきいますもろのおほみかみら）

巻六（三十六丁）に、

「住吉乃荒人神、船舳爾牛吐賜（すみのえのあらびとがみ、ふなのへにうしはきたまひ）」、

巻九（二十三丁）に、

「此山乎牛掃神之（このやまをうしはくかみの）」、（「此山」は筑波山である）

巻十七（三十九丁）に、

「須売加未能宇之波伎伊麻須、爾比可波能曽能多知夜麻爾（すめかみのうしはきいます、にひかはのそのたちやまに）」

巻十九（三十六丁）に、

「墨吉乃吾大御神、舶乃倍爾宇之波伎座（すみのえのわがおほみかみ、ふなのへにうしはきいまし）」

などの例もある。（この万葉の牛吐、牛掃などの言葉についての説などは、言うに足らぬ強弁である。）

遷却崇神《たたるかみをうつしやる》 祝詞《のりと》に、

「山川能清地爾、遷出坐氏（やまかはのさやけきところにうつりいでまして）、吾地止宇須波伎坐世止（あがところとうすはきませと）云々」

とあるのも、「須」と「志」と通う音であり、同言である。

いずれも主語は「神」である。

（＊本居宣長『古事記伝』十四之巻より「宇志波祁流」という語彙についての考証部分／現代語訳・改行とも戸矢による。／振り仮名は原本に準拠／なお最後の「遷却崇神《たたるかみをうつしやる》」は、記録がある最古の祝詞の一つで、『延喜式』祝詞三十篇に収録されているものである。）

アメノミナカヌシの表記は以下の二種ですべてであって、言うまでもないが、その二種、天之御中主神、天御中主尊に共通する文字は「天御中主」である。そのうち「天」については「アメ（阿米・

阿売)」であり「天地泉」であることと、「御」は尊んで用いるもので、とくに天皇、神に用いられるとすでに述べた。「中」はこの場合、居場所を表わしていることは言うまでもない。

とすれば残るは唯一「主」という表記である。これは「ぬし」と訓じているが、「うし」とも同一であるとされる。「国学四《こくがくし》大人《うし》」のように用いられているように、「大人」と書いて「うし」と訓ずる。

「うしはく」と「しらす」

「うしはく」とは、「支配する」「領する」という意味の古語であり、漢字では「領く」と記す。神が当該の場所を領有することを意味する言葉で、当該の場所は、各神名のそれ以外の文字で示されていることが多い。たとえば大国主神は「国」であるから「国土・大地」をうしはける神であり、事代主神は「事」であるから「事象・事件」をうしはける神である。したがって、天之御中主神は「天の中央」をうしはける神、すなわち「宇宙の中心」を領有する神ということになる。

語源は「大人《うし》」が「佩《は》く」で、すなわち「神が身に着ける」に由来している。

これに対して、「しらす」という天皇にのみ許された表現がある。

第十代・崇神天皇の諡号は御肇国天皇（はつくにしらすすめらみこと）であるが（＊他にも複数ある）、この「しらす」は統治するという意味であって、知行、領知などの「知る」より変化した特別用語で、天皇にのみ用いられる。つまり崇神天皇は「初めて国を統治した天皇」という名をおくられたということである。この名によって、崇神天皇こそが初代の天皇ではないかとの説もあるのだが、諡号の一つのみを根拠とするには問題が大きすぎるのと、初代である可能性を示唆する記録を有するのは、神武天皇を始めとして複数存在しているから、断定は困難である。（＊この件については別途論考を用意しているのでそちらで詳述する。）

『古事記』の国譲り神話の中で、アマテラスの使者が、大国主神が統治する日本の国を譲るように求めた件は次のように記述されている。

「汝がうしはける葦原中国（あしはらのなかつくに）は、我が御子のしらさむ国」

ここでは明確に「うしはく・うしはける」は神のなせること、「しらす・しろしめる」は天皇のなせることとの書き分けがなされている。

天皇という称号は、天武帝が「天皇大帝」より採ったものである。しかし「大帝」の語が付帯していないのは、大帝にまで及んでいないことを示すとも解釈できる。生前は北斗七星の属星《ぞくしょう》を拝し、崩御して初めて天皇大帝となるという論理になるのであろう。天皇という尊号は、いずれ天皇大帝となることを約束された証であり、いまだ生身であることの名乗りであろう。天皇は、いわば天皇大帝の地上における代理人すなわち現御神《あきつみかみ》（現人神《あらひとがみ》）であって、その役目を果たした後には天に昇り、北辰に合体する。これが天武天皇の考えた天地構造の最終形ではないだろうか。

北極星（アメノミナカヌシ）、太陽（アマテラス）、月（ツクヨミ）、それ以外に『日本書紀』には金星、彗星（流星）、隕石が記されている。天文神話と呼ぶにはそれ以外の部分のほうが断然大きいので躊躇《ためら》わざるを得ないのだが、古事記神話に一つの思想体系を組み込むために、日本書紀神話には右の「星」という要素を全編にわたってちりばめたのであろう。その程度の色づけであれば、本質を損なわずに済むと考えたのかもしれない。現に、きょうのこの日まで露見しなかった。

アメノミナカヌシ神が引き寄せた星辰信仰は、人々に浸透する前に天武帝が崩御し、幻となった。それから千年の時を超えて、江戸時代後半から明治時代にかけて、国学者によってよみがえることとなった。

天文系の神話は、天武帝が海部一族と共に組み立てたものであろう。それ以前にアマテラスとスサノヲの対立神話はすでにあった。ここにツクヨミを加えたのは天武であるとかつて拙著『ツクヨミ』で述べたが、ツクヨミ神話は後付けの宿命で、他の神話と関わりがなく独り浮いている。みけつ神を斬殺する挿話くらいしか神話がないが、それとてもスサノヲと重複混乱している。

月神は、アマテラスを太陽神（日神）として位置付けるために、その対置存在として必要であった。またそれは、夜と昼の体現であり、陰と陽、男性と女性でもある。これで、天武の得意とする陰陽五行に整合することとなる。

そしてそれら天文神の頂点には北極星・北辰が不可欠である。そこで、アメノミナカヌシを当て嵌めた。神話のない最高神の誕生である。神話も伝承も、それ以後ついに何も語られることのないままでありながら、それでも最高神であるという位置付けは変わることがない。

日本神話は史実であると、拙著においてこれまで繰り返し述べているが、例外は、後付けの創作であることを証明することになる。「天文神話」は潤色であって、アメノミナカヌシという最高神を創作するための潤色である。アメノミナカヌシ神は、陰陽の統合体であり、太極、太一などとも称されるのは、こういった意味付けをすべて体現するためである。

『日本書紀』一書の第四が、はたしていずれの家系の伝承なのかいまなお不詳であるが（先述のようにこれを『古事記』の原本とする説もある）、この伝承においてのみアメノミナカヌシが登場するもので、しかも造化神であることも判明している。こういった種類の各氏の伝承に目を通していた天武天皇は、これに目を付けた。『日本書紀』とは別に、国内向け（ヤマト民族向け）の統治理念として、超越的存在としての天皇神を最上位に置くことで、統治構造をより明確かつ具体的なものにしようと考えたのだ。これまでの曖昧で情緒的な天皇（おおきみ、すめらみこと）観から大きく転じて、天空に常にあって、しかも唯一不動の存在である北極星を、歴代天皇の統合体とすることで、天皇統治を完成させることができると構想したのであろう。

「古書《いにしえのふみ》に惟神《かむながら》と云語《いうことば》の有《ある》は、神中在《かみなかざい》と云ふ義にて、此神（＊天御中主尊）の天中に在立して其有可き随《まま》に、天地を成給へりし由縁に起り、神道と云ふは、此神の天中に在立して移り動く事無く、完成し給ふ所以に依《よる》事など、孝徳天皇紀伝に註せるが如く、世の始めより打任せて神と申すは、此神一柱に限れる事申すも更なり。」（『日本書紀伝』鈴木重胤）

右のように鈴木重胤は、惟神《かむながら》はアメノミナカヌシ神（天御中主尊）のことと断定している。とすれば、惟神道《かむながらのみち》は神道《しんとう》の語源であるゆえ、神道とはアメノミナカヌシの道ということになる。

なお、北極星という認識は本居宣長にはなかったようだ。彼の空間認識あるいは宇宙観に「極北」という概念がなかったからだろう。天の真ん中は、北ではなく、真上なのだ。

そういう意味では、宣長は答えを出していたことになる。ただ、「うしはく」を、『古事記』編纂を勅命した天武天皇までつなげることができなかった。天之御中主という神名が一書の四に既に存在していたことで、かえって真相が見えなかったのかもしれない。

一書の四から『古事記』の首座へと、天武帝は敢えて抜擢したのだが、みずからの理念を書き残すことをしなかった。つまり宣長としては解析する材料がないということで、これはこれで正しい姿勢であるだろう。そして厳格な本居宣長だからこそ、推論を恐れない服部中庸《なかつね》の「三大考」に、自分にはない視点を見出したのではないだろうか。拙いにもかかわらず付録という大出世の、それが理由であるのだろう。

アメノミナカヌシ神に天武天皇が着目したのは、「主」にあると考えられる。「あめのみなかでうしはくする神」、なんと都合の良い名であろうか。これぞ頂点に君臨するに相応しい。シナで使われている「天命」の「天」に当たるとも考えられるが、『古事記』という形に昇華させることによって、アメノミナカヌシ神を最後の審判を下す存在、またすべての神々および天皇の存在保証として捉え直したものであろう。天武は神々をただ放置しておくことができなかった。また地上の天皇も、野放しにしておくことができなかった。それが「天武の構想」であろう。天武天皇（大海人）は「そらみつ」者こそが最終的な神の中の神であるとの思想から、それにふさわしい存在にアメノミナカヌシ神を選んだのだ。それまでほとんど注目されることのなかった神に、新世界の構想を託した。

諡《し》号《ごう》に隠された真相

天武帝は、国の形の根幹は天皇にあるが、さらに宇宙の形の根幹は北極星（北辰）にあるとして、それを構想の最終的形態と考えた。すなわち漢土の観念をはるかに超えた天武天皇の構想力の雄大さ壮大さが理解できようというものだ。そしてそれは、「三大考」で服部中庸が図示したような稚拙なものではなく、はるか後世になってようやく私たち現代人が真相に近づきつつあるような「宇宙」観に、あの当時すでに天武天皇は到達しようとしていた。

しかし、天武天皇のこの最終構想は実現しなかった。天武帝の崩御と、その後に続く天武系天皇の断絶によって、この「功績」は幻となった。天智系の桓武天皇が阻止したという説もあるが、少なくとも天武の次の天皇となった持統天皇（鸕野讃良《うののさらら》皇后）には継承されなかった。おそらく、正しく認識されていなかったのだと思われる。その証拠が天武天皇の殯《もがり》において奉献された和風諡号（国風諡号）である。

「天渟中原瀛真人天皇（あまのぬなはらおきのまひとのすめらみこと）」

漢風諡号は論外であるが、国風諡号（和風諡号）には天武帝の本当の思いが込められているかのような説が何の疑問もともなわずに流布しているが、私はかなり重大な問題が伏在しているとかねてより考えている。

そもそも「八色《やくさ》の姓《かばね》」を制定したのは天武天皇である。そしてその最上位を「真人」とした。これは道教の「真人（しんじん）」に因んだもので、もとは「方士の最上位」を意味する。

そして姓（かばね）とは、「真人（まひと）」以下のすべて、天皇から臣下に授与されるものである。それを、もし諡号に付けて奉献したのだとすれば、理屈上は臣下への降格になってしまう。

諡号奉献の儀そのものは、当代の天皇にのみおこなう権限があるので（この時は二年程の空位があるため、皇后の称制となっている）、鸕野讃良皇后にその権限があったはずで、誰の案出になるものであるかは不明にしても、最終的に皇后が承認したことに相違はないだろう。

「天の沼の中にある瀛州山の真人」

この諡号を案出したということは、天武天皇が最上位の神仙になったと言いたいのであろうが、天武天皇の視線はもっとはるかに高いところを見ていた。すなわち北極星（北辰）である。そもそも天皇が臣下に授与する位階の一つがすなわち「姓（カバネ）」であるのだから「真人天皇」という表現には矛盾がある。真人の上には天皇御一人が存在し、その上には、はるか北の天空の中心に不動のアメノミナカヌシ神が輝いているのだ。


もし私が諡（おくりな）するのであれば、さしずめこんな諡号になるだろう。

「天御中主天皇（あめのみなかのうしはくすめらみこと）」

または、

「阿売能御那加乃宇斯波久須米良美古登（あめのみなかのうしはくすめらみこと）」

『姓氏録』で最上位に録された「皇別／真人」が、その後実質的に消滅したのはこのあたりに理由があるのではないだろうか。なにしろ生身の人間が「真人を名乗るのは烏滸《おこ》がましい」のである。そして、天武天皇の国風諡号は、本人の思想に背くものと考えられる。

「真人」使用の誤りは、後継者たちが天武天皇の理念を理解していなかったことを象徴的に表している。その結果、後継者たちは天武の目指したものとはまるで異なる方向へ行ってしまい、第四十五代・聖武天皇の時には、ついには東大寺大仏殿建設までおこなってしまった。天武が成し遂げた皇親政治の偉大なる成果を、こんなことで空費してしまったのはまことに残念でならない。天武帝が目指したのは仏教の国教化ではないのだ。大仏殿の落慶を宇佐神宮が言祝ぐという式次第になっていたが、参列した誰の目にも宇佐の神が大仏の僕《しもべ》であるように映ったのではあるまいか。

天皇たる者はすべて死すればアメノミナカヌシ神に統合される、というのが天武天皇が到達した思想である。したがって、地上に存する神社でアメノミナカヌシ神を祭神として祀るのは不敬であって、『延喜式』の「神名帳」にアメノミナカヌシ神を祀る神社がまったく見当たらないのは当然であろう。アメノミナカヌシ神の依り代（神体）は天に輝く北極星そのものであって、他にはありえない。だから、それを祭神とする神社が地上に存在することなどありえないのだ。

ところが第一章で見たように、星神社を始めとする多くの神社に祀られている。その理由は、少なからぬ星神社がすでにあって、江戸時代になってからその祭神をアメノミナカヌシ神に変更したか、または追加合祀したものであるだろう。その罪深い所業をおこなわせた者は徳川家康と天海であろう。家康・天海は、アメノミナカヌシ神を我が物にしようとして失敗した。東照宮が維新によって激減したのはその証である。

真の「復古」とは

明治八（一八七五）年四月、神道界の中央機関として神道事務局が設置された。明治十三（一八八〇）年に事務局内に「神殿」を新設し、究極の四神を祀ることとなった。四神とは、造化三神（天之《アメノ》御中主神《ミナカヌシノカミ》、高御産巣日神《タカミムスヒノカミ》、神産巣日神《カミムスヒノカミ》）と天照大御神《アマテラスオオミカミ》である。これに対し、出雲大社大宮司の千家尊福《せんげたかとみ》が大国主大神《オオクニヌシノオオカミ》を加えるよう主張したが、伊勢神宮大宮司の田中頼庸がこれを拒否し、大国主大神を天神地祇（八百万の神々）と同列に見做したところから出雲派と伊勢派の全国的対立に発展。全国神道界十三万人以上を二分する対立となった。

この問題解決のために翌年、内務省が勅令をもって神道大会議を招集し、神殿の祭神は宮中所斎の神霊と勅裁されることとなった。そして神殿そのものが宮中へ遷され、最終的に宮中三殿を遥拝することで決着した。

しかしこれによって、神殿にアメノミナカヌシ神も天神地祇とともに祀られることとなり、賢所《かしこどころ》にはアマテラス神のみが祀られることとなったため（皇霊殿には歴代天皇の神霊）、アマテラス神が神道信仰の中心になってしまい、結果的に造化三神は天神地祇に飲み込まれてしまった。明治の日本に、かつて天武天皇が造ろうとしていた日本が、ほんのつかの間出現したが、神道界の紛争を解消するための方策にともなって宮中奥深くに沈潜してしまったのだ。

本書でこれまで見てきたことから推定されるように、『古事記』のアメノミナカヌシ神の位置付けは、天武天皇の指示によるものであろう。特定の思想を展開するために意図的にそこに置かれたもので、その思想は何か別の方法でその概念や神話を顕すつもりであったのかもしれない。しかし、度会《わたらい》氏が神道五部書でおこなったような、それに相当するいかなる資料もこれまで発見されていないのは、公表する以前に失われたか、あるいは崩御（六八六年）までに間に合わなかったのかもしれない。

天武帝が即位したのは天武二（六七三）年のことで、それから間もなく『古事記』撰録を勅命したとされる。しかし編纂成ったのは崩御から二十六年後の七一二年のことである。各種の資料を収集する等の準備段階で、天武帝は崩御されたとも考えられるだろう。いずれにしても、もともとの日本神話はムスヒ(産日神・産霊)の神より発するものであって、それより前にいかなる神も存在しなかったと考えるのが妥当というものだろう。

しかし後に国学が『古事記』を大前提としたのはきわめて正当で、国家の方向性を示すのに、天武帝が同書の冒頭に造化三神を設定したのは正しい選択であった。これによって『古事記』は近現代にまで通用する、ある種の永遠性を獲得したのだ。

折口信夫が「天御中主神《アメノミナカヌシ》の意義だけはわからない」と断言したのは、ムスヒ思想を重視していたゆえであると同時に、その神の存在そのものが恣意的なものであると承知していたからであろう。しかし折口の時代にそのような解釈を公言することは憚られた。まだ復古神道が全盛で、存在自体を否定するような論述が受容される環境ではなかったからである。

すでに述べたように、本居宣長は確実に理解していたと考えられるが(「宇斯波久」論がそれを示唆している)、あえて踏み込もうとしなかった。宣長は厳格な学究であるから、書かれていないことは論じない。アメノミナカヌシ神について『古事記』に記されているのは、神名のみなのだから、それ以上のことは知らなくて良いというのが、彼の姿勢なのである。

天武天皇の殯《もがり》は実に二年三ヶ月にも及ぶもので、これほどの長期の殯は他に例を見ない。その権威に並ぶ者を見出せなかったことは、鸕野讃良皇后が次の天皇として即位するまで四年間、即位せずに執務していたことからも推測される。皇后は皇太子である草壁皇子を即位させようとしていたが、六八九年に二十七歳の若さで早逝。草壁の子である軽皇子(後の文武天皇)はまだ七歳であったため、皇后が即位することとなったものであるだろう。

アメノミナカヌシは観念的に創造された神であるから、神話も祭りも存在しないが、もし仮に神殿から解放されて、天武帝の構想がよみがえるなら、まったく異質な新しい神道信仰となって、現代日本を切り拓く思想的支柱か、ある種の原動力になるかもしれない。もはや天孫族や海人族、皇別や神別、弥生文化や縄文文化などの線引きは混沌としてきているが、私たちは、それらの血脈を確実に受け継いでいる。時代の蠢動がそれを呼び覚ますことになるとすれば、これもまた、ある種の〝復古〟であるのだろう。

あとがきに代えて　「擬制の終焉」

本文でも述べたように、稲作民族にとって何よりも大事なのは、「太陽」である。なにしろ稲作の生育に直結する天の恵みの根元であるのだから。

対するに、海洋民族にとって何よりも大事なのは「北極星」である。大海原を航行するためには方角を示す確かな指針が必要であるが、満点の星の中で、たった一つだけ不動の星があって、紛れもない指針になるのだから、畏敬するのは自然の成り行きというものであるだろう。

日本人は太陽と北極星、いずれも「星」を崇めることで、それぞれ民族的アイデンティティを保有してきた。民族や血族そのものではなく、擬制であるが。

このように稲作民族と海洋民族とでは、古代においては根本的な価値観がまったく異なる。

そしてその両者は、別々の経路によって日本列島へ到達した。

片や内陸の平地に依拠して国を造り、片や海浜に船着き場にふさわしい地理（湾）を探し出して航海の拠点を設けた。

この列島において、それぞれの始まりが何千年前になるか何万年前になるのかわからないが、古代においてはそれぞれ人口も少ないところから、彼らにとってはこの列島も広大無辺であって、内陸で暮らす人々と、海辺で暮らす人々は互いに交わることは稀であっただろう。

なお、この二者が定住するはるか昔から、列島各地には、小規模な集落が遍在していた。闘争を好まず、山の恵みや海河の恵みをわけあって穏やかに暮らす人々である。縄の紋様をほどこした土器を使うところから、後に縄文人と呼ばれる人々である。

平地と海浜と山間と、さながら三つの異なる国が入り交じるかのようにこの列島に暮らして来た。


そんな均衡が失われることとなったのは、稲作による内陸平地人口の激増である。漁撈や狩猟は自然が頼りであるが、稲作や畑作は耕作技術の発達や統率された人海戦術などによって、経済力も軍事力も圧倒的な力を獲得する。その勢いのままに列島を統治するにはもう一つの力、「祭祀力（信仰力）」が不可欠であった。信仰篤い古代の人々にとっては祭祀こそがもっとも大切であって、祭祀権を持つ者がすなわち統治者とされていたからだ。

山人は山の神を祀り、海人は海の神を祀っていたが、平地人のみは人が統治した。これを「スメラミコト」という。「統《す》べる王《みこと》」のことである。

スメラミコトは、山の神（高御《タカミ》産《ム》巣《ス》日神《ヒノカミ》）、海の神（神産《カミム》巣《ス》日神《ヒノカミ》）を並立統合し、統合の象徴として北極星を掲げた。これをアメノミナカヌシ神（天之御中主神）という。

記・紀の神話篇に事績も神話もない神は、こうして頂点に鎮まった。

ヤマトの成立は、擬制の終焉である。

『古事記』は近年、ブーム（はやりもの）のようになっている。にもかかわらず、アメノミナカヌシは無視されているに等しい。

あの神、この神と、様々な取り上げられ方をしているにもかかわらず、一番最初に登場する神が放置されている。むろんその理由は、本文でも繰り返し述べているように「神話がない」からであって、神話がなければ語ることもできなくて当然なのだが、にもかかわらず、各地の星神社を始めとする「信仰」が生まれている。

（＊江戸時代末期から発生している民間信仰教団には少なからず祭神や本尊としているものが見受けられるが、いずれも元々存在しない神話や伝承をまるごと創作しているものなので、こういう形では論じようがない。よって本書では採り上げていない。）

そしてこれには時代の要請ともいうべき理由があるのだと、本文ですでに述べた。

日本および日本人の歴史と文化は、古事記神話を始めとする様々な原理によって成立しており、その原型は古代から上代においてすでに出来上がっていた。それが長い空白の歳月を経て、今またよみがえろうとしている気配がある。よもや天武の御代《みよ》の再来ではあるまいが、ここにきて止揚《しよう》せんとする時代の潮流を感じているのは私だけなのだろうか。

令和五年／西暦二〇二三年　弥生　　戸矢 学

【参考文献】（順不同）

『古事記』國史大系　吉川弘文館　二〇〇二年
『古事記伝1』本居宣長　岩波書店　一九四〇年
『古事記』西宮一民校注　新潮社　二〇一四年
『日本書紀』國史大系　前編・後編　吉川弘文館　一九九三年
『日本書紀私記』國史大系　吉川弘文館　二〇〇三年
『日本書紀』岩波書店　二〇〇二年
『日本書紀伝』鈴木重胤著・日本書紀伝刊行会編　会通者　一九三八年
『新訂増補國史大系　交代式・弘仁式・延喜式』黒板勝美編　吉川弘文館　一九八一年
『延喜式』國史大系　前編　吉川弘文館　一九八一年
『延喜式祝詞教本』御巫清勇　神社新報社　一九五九年
『霊能真柱』平田篤胤　原装　題簽　塾蔵版（文化九年序）一八一二年
『霊の真柱』平田篤胤著・子安宣邦校注　岩波文庫　一九九八年
『新撰姓氏録』八一五年
『折口信夫全集』第20巻他　中央公論社　一九五五年
『式内社調査報告』式内社研究会編　皇學館大学出版部　一九七六～一九八七年
国立国会図書館デジタルコレクション　https://dl.ndl.go.jp/
『神々の系図（正・続）』川口謙二　東京美術　一九七六年・一九九一年
「キリスト教の受容と国学――平田篤胤の思想を通して」佐々木聖使　『日本文化論への接近』所収　日本大学精神文

化研究所編・発行　一九九四年
「明治初期における天之御中主神論」佐々木聖使　『明治聖徳記念学会紀要22』一九九七年
『天之御中主神のゆくへ』佐々木聖使　龍声社　二〇一五年
「平田篤胤　天之御中主神信仰の変遷と確立」神保郁夫　『神道宗教』神道宗教学会　一九九六年
他

参考自著

『ヒルコ　棄てられた謎の神』戸矢学　河出書房新社　二〇一〇年
『三種の神器　天皇の起源を求めて』戸矢学　河出文庫　二〇一六年
『縄文の神　よみがえる精霊信仰』戸矢学　河出書房新社　二〇一六年
『ニギハヤヒと『先代旧事本紀』』戸矢学　河出文庫　二〇二〇年
『神々の子孫「新撰姓氏録」から解き明かす日本人の血脈』戸矢学　方丈社　二〇二一年

その他多くの文献資料、映像資料、図版資料を参考としております。各資料の著者・編者・版元にここに改めて謝意を表します。

なお、自著引用は本書テーマに相応しいよう適宜に省略あるいは改稿補筆しているため、各論の詳細は当該各書をご参照されますようお願いいたします。（＊右記の五冊から一部分を改稿して掲載しておりますが、あくまでも抄録ないしは部分引用のため、原本に目を通されるようおすすめいたします。）

また、本文中に引用されている記紀をはじめとする古文献の書き下し文および訳文は、とくに但し書きのない限りすべて著者自身によるものです。

*本書は書き下ろし作品です。

戸矢 学
（とや・まなぶ）

1953年、埼玉県生まれ。神道・陰陽道・古代史研究家、作家。國學院大学文学部神道学科卒。著書に、『陰陽道とは何か』『ツクヨミ　秘された神』『ヒルコ　棄てられた謎の神』『ニギハヤヒ　「先代旧事本紀」から探る物部氏の祖神』『三種の神器』『神道と風水』『諏訪の神』『神道入門』『深読み古事記』『オオクニヌシ　出雲に封じられた謎の神』『アマテラスの二つの墓』『鬼とはなにか』『縄文の神が息づく　一宮の秘密』『古事記はなぜ富士を記述しなかったのか』『スサノヲの正体』『神々の子孫』『ヤマトタケル　巫覡の王』『呪術と日本昔ばなし』『サルタヒコのゆくえ』『熊楠の神』など多数。
公式HP『戸事記』https://toyamanabu.jimdofree.com/

最初の神アメノミナカヌシ
海人族・天武の北極星信仰とは

二〇二三年八月二〇日　初版印刷
二〇二三年八月三〇日　初版発行

著　者――戸矢 学
発行者――小野寺優
発行所――株式会社河出書房新社
〒一五一-〇〇五一
東京都渋谷区千駄ヶ谷二-三二-二
電話
〇三-三四〇四-一二〇一〔営業〕
〇三-三四〇四-八六一一〔編集〕
https://www.kawade.co.jp/

組　版――株式会社ステラ
印　刷――三松堂株式会社
製　本――三松堂株式会社

ISBN978-4-309-22892-1
Printed in Japan

戸矢 学・著

スサノヲの正体

ヤマトに祟る荒ぶる神

日本神話最強の神にして
ある時は追放され泣き叫ぶ
悲劇の叛逆神、最大の祟り神。
スサノヲはどこから来て、
どこへ消えていったのか?
多層的な神の謎をついに解く!

戸矢 学・著

諏訪の神

封印された縄文の血祭り

御柱祭で知られる諏訪大社は、
今話題の北向きの特異な神社である。
諏訪というトポス、
御柱、モレヤ神、ミシャグジ、縄文
の五つのキーワードから、
日本古来の謎の信仰の意味に迫る。

河出書房新社

戸矢 学・著

サルタヒコのゆくえ

仮面に隠された古代王朝の秘密

サルタヒコは本当に、ニニギの
天孫降臨の道案内をしたのか？
なぜアメノウズメを献上されたのか？
その本当に祀られた場所を特定し、
サルタヒコの呪縛を解き放つ。
衝撃の、祀られた場所とは！

河出書房新社